KB212910

대각국사 의천 연구

프라즈냐 총서
36

대각국사 의천 연구

| 고려 문종 대의 불교사와 의천의 활동을 중심으로 |

무원 · 진관 공저

운주사

머리말

고려 초기에 활동한 대각국사 의천(義天, 1055~1101)은, 가야를 통해 한반도에 불교가 전래된 후 1,900여 년에 이르는 장구한 한국불교 역사에서 가히 한 봉우리를 차지하는 인물이다. 해동 천태종을 개창하였고, 최초로 〈고려속장경〉을 간행한 것만으로도 그러하다.

본서의 목적은 문종의 넷째 왕자인 의천의 출가와 불교수행 전 과정을 탐구하고, 이와 연관하여 고려 문종 시대의 불교사 및 불교사상을 탐구하는 데 있다. 이를 위해 다음의 점에 유의하였다.

첫째, 고려 문종 37년간의 통치시기에 전쟁이 발생하지 않았다는 점이다. 고려는 송나라 및 요나라와 국가간 교류를 평화적으로 전개하였다. 이러한 시대적인 상황에서 고려불교는 통치력을 상실하지 않고 본래의 불교적인 생활상을 그대로 실천할 수 있었다. 문종은 고려 최고의 안정기를 유지했던 것이다.

둘째, 문종은 37년간 그 목적이 오로지 불국 사상에 기초하여 전륜성왕으로서의 통치를 통해 백성을 사랑하는 자비의 정치를 실천하려 했다는 점이다. 그리고 이런 통치적 불교사상의 실현에는 당시 여러 불교 종파들의 협력이 있었다. 고려불교는 태조 왕건이 신봉했던 선종과 화엄종처럼 통치적 통제를 통해서 왕권의 후원을 얻었던 것이다.

한편 본서는 의천의 『신편제종교장총록新編諸宗教藏總錄』 3권에 대한 분류 방법을 연구하는 데 목적이 있으며, 그의 사상성에 대하여 구체적으로 논하려고 하는 것은 아니다. 그런데 의천의 불교사상을 고찰하기 위하여서는, 또는 의천의 『신편제종교장총록』을 분석하기 위해서는 의천의 출가 정신과 불교 학문에 대한 열정을 고찰하지 않을 수 없다. 그리하여 의천의 출가 정신관과 실천관에 대하여 고찰하고, 출가 이후 송나라 구법 활동을 통해서 수집했던 장소(章疏; 원래 신하가 임금에게 올리는 글을 의미하는데, 여기서는 경經·율律·논論에 대한 주석서를 일컬음)에 관하여 살펴보았다.

의천의 『신편제종교장총록』은 『개원석교록開元釋教錄』을 참조했다고 하나, 그의 『총록』 작업은 그 자체로 독자적인 역사성을 부인할 수 없는 특징을 지니고 있다. 이러한 작업을 통해 의천은 고려불교를 융성한 불교로 승화시키는 업적을 남겼다. 또한 의천이 주로 수집한 장소章疏는 주로 송, 요, 일본, 신라의 것들이었다. 그런데 특이한 것은 균여의 저서는 목록에 넣지 않은 반면 원효의 저서는 목록에 넣었다는 점이다. 이 문제는 연구를 통해서 논증해 봐야 할 점이다.

『신편제종교장총록』 3권에서 잘 드러나듯이, 의천이 출가 이후 20년이라는 긴 세월을 오로지 장소章疏 수집에 전념했다는 것은 그의 불서 간행에 대한 높은 서원과 열정을 반영하고 있다. 따라서 의천이 『총록』 3권을 간행한 것에 대한 역사성을 높이 평가하지 않을 수 없으며, 그의 장소 수집 간행에 대한 열정을 깊이 되새기게 한다. 이는 경·율·논 삼장의 목록과 송, 요, 일본, 신라 승려들의 저서까지 수집했다는 점에서 더욱 그러하다.

의천은 원효를 최고의 보살로 추앙했는데, 이와 관련한 의천의 장소章疏 목록에 대한 조사를 하였다. 따라서 『총록』 3권 가운데 원효의 장소 목록이 지니는 의미를 고찰할 수 있다. 그러나 의천이 작성한 목록 가운데 현존하는 장소가 분실된 점에는 다음과 같은 이유가 있다. 즉 의천 사후에 균여 계의 법손들이 팔만대장경 목록을 작성하면서 의천이 작성한 장소 목록을 삭제했다는 점이다. 그리하여 결국 원효의 저서 내용이 팔만대장경에서 삭제되고 만 것이다. 이러한 만행에 대해서는 역사적 비판을 가하여 그 잘못을 묻지 않을 수 없다.

본서에서는 그러한 기록을 자세히 고찰하지 않았다는 점을 밝히면서, 의천의 『신편제종교장총록』 3권의 역사성을 새롭게 고찰하고자 한다. 앞으로의 연구와 토론을 위하여 다음과 같은 문제들을 제시한다.

첫째, 의천은 출가 이후 20여 년 간 『신편제종교장총록』에 대한 장소章疏를 수집했는데, 그것이 지니는 중요성에 대하여 그 의미를 성찰해 보고자 한다. 특히 의천이 장소를 수집하려고 했던 결정적인 의도가 무엇인가 하는 점에서 그 의미를 고찰해야 한다.

둘째, 의천의 사상이 과연 화엄종인가 천태종인가 하는 점에서의 토론이 필요하다. 의천이 화엄종으로 출가를 하였음에도 불구하고 천태종에 대한 관심을 가졌던 이유를 알 수 있다면 의천의 사상에 더욱 접근할 수 있을 것이다.

셋째, 의천은 균여의 저서 목록을 장소章疏에 작성하지 않았는데, 그 이유와 문제점을 지적할 수 있다. 연구에 따르면 의천에게서 균여에

8

대한 비판적인 요소를 발견할 수 있다. 그렇다면 의천은 왜 균여를 비판적으로 보았으며, 그 문제점은 무엇인가 하는 점이다.

넷째, 의천이 신라의 승려 원효에 대한 장소의 목록을 작성하면서 일본 승려들의 저서에 대한 목록을 작성하지 않은 이유는 무엇인가 하는 점인데, 이에 대해 여러 관점에서 토론을 하지 않을 수 없다.

한편, 대각국사는 원효를 극히 숭상했는데, 대각국사가 아니었으면 오늘날 우리에게 원효의 존재는 제대로 전해지지 못했을 것이다. 그 공로에 존경심을 표한다. 아울러 대각국사가 가야불교에 대한 사적 연구를 했다면 불교의 전래 역사는 인도불교 전래설을 인정했을 수도 있지 않았을까 생각한다.

필자들은 한국불교 역사에서 참으로 소중한 존재인 대각국사에 대한 연구가 많지 않은 현실은, 불교역사를 제대로 고찰, 연구하지 못하고 있는 한국 불교학계의 현재를 보여주는 한 단면이라고 생각한다. 이에 필자들은 대각국사를 공동으로 연구하면서 불교 전래사에 대한 연구도 병행할 것과 임진왜란 시기 호국불교의 역사에 대해서도 함께 연구할 것을 기약한다.

2017년 5월 3일 부처님오신날을 축하하며
무원, 진관 합장

제1장 서론

본서는 고려 문종文宗 시대에 사회 전반의 안정을 도모하고 불교의 위상을 높인 대각국사大覺國師 의천(義天, 1055~1101)의 사상과 업적을 고찰하면서, 고려불교를 원효, 의상의 불교사상으로 전개하려고 했던 대각국사를 통해 고려불교의 특징과 나아가 고려불교가 한국불교사에서 지니는 의의를 살피고자 한다. 특히 고려불교는 정치적인 안정 시기로 불교국가의 위상을 높인 시대라고 볼 수 있으며, 문종 시대 고려불교는 명실상부한 국가불교였다.

의천의 『신편제종교장총록新編諸宗敎藏總錄』에 관한 연구는 의천 불교사상의 중심으로서 의천이 불교 장소章疏를 수집하여 불서에 대한 목록을 작성한 것에 대한 연구이기도 하다. 의천의 불교사상을 고찰할 수 있는 경·율·논 삼장에 대한 연구를 통해서 의천의 장소 수집과 고려에서 장소 간행에 대한 역사성을 바르게 고찰하고자 한다. 의천은 20년간 각고에 노력으로 경전 번역과 경전에 대한 주석 저서들인 장소를 송, 요, 일본, 신라에서 수집하였다. 의천의 이러한 장소 수집과 간행은 불교 서지학적 연구에 지대한 업적을 남겼다.

의천은 균여 불교를 비판하면서 교관병수教觀幷修[1]를 주장함으로써 화엄종을 개혁하였으며, 다음으로는 새로이 천태종을 개창하여 선종을 포섭함으로써 고려불교를 선교통합의 새로운 단계로 전진시켰다. 다른 한편으로는 불교전적을 수집 간행함으로써 동아시아의 불교문화를 총정리하는 업적을 이루었으며, 동시에 송, 요, 고창, 일본 등의 동아시아 불교계와 폭넓게 교류함으로써 고려불교의 국제적인 지위를 크게 높였다.[2]

의천은 승려로서 외교적 역할을 담당하기도 하였다. 또한 그는 신라불교가 고려에 전승될 때 의상을 중심으로 전해졌다고 보았다.

다음은 본서에서 주요하게 다룰 내용이다.

첫째, 문종의 넷째 왕자인 의천이 왕자의 신분으로 출가를 했던 것은 고려불교가 국가불교의 토대를 마련하는 데 큰 공헌을 하였다. 이는 사실 문종의 발원이기도 하다, 문종이 왕자들 가운데 출가자를 택했던 것은 문종 스스로 부처님 당시 전륜성왕을 본받아 자신의

---

1 교관병수는 교관겸수教觀兼修라고도 하며 教教, 즉 부처님의 가르침인 경전과 관觀, 즉 불교의 관법 등의 구체적인 수행을 함께 닦는 것을 말한다. 의천의 불교사상을 대표적으로 드러내는 개념이다.

2 최병헌, 『대각국사 의천의 불교사적 위치』(천태학연구 제4집), p.155.

정치력을 선포하기 위함이라고 보지 않을 수 없다.

둘째, 문종 생전에 의천은 송나라 유학을 이루지 못하였으나, 부왕인 문종이 승하하자 의천은 다시 송나라 유학에 대하여 형인 왕에게 요청을 하였다. 형인 선종도 송나라 유학을 만류하였다. 이에 의천은 송나라에 구법을 위해 밀항을 했다. 의천은 고려의 왕자 신분인 승려였기에 송나라에서 그만한 예우를 받았으며, 송나라 국왕 철종과 당시 고승 50여 명을 친견하여 대화를 할 수 있었다. 또한 고려국 왕자 신분의 승려인 관계로 필요한 불교 관련 장소章疏를 많이 수집할 수 있었다.

셋째, 의천은 송나라에서 불서를 수집하는 데 있어서 매우 열정적이고 학문적으로 임하였다. 송나라 불교 서적에 관한 장소뿐만 아니라 요나라의 불서, 일본의 불서, 신라의 고승들이 주석을 달았던 장소까지도 수집하려는 의지를 보였던 것이다.

넷째, 의천의 『신편제종교장총록』 3권의 편성에 대해서이다. 『총록』은 의천이 그동안 고려에 전해온 불교 경전과 자신이 수집했던 장소章疏를 목록으로 작성되었다. 이것은 의천이 이룬 위대한 업적이며, 이를 통해 고려에서도 대장경을 간행할 수 있는 토대를 마련하였다. 고려는 바로 이 『총록』을 통해서 명실공히 불교국가임을 여실히 보여준 것이다.

다섯째, 의천은 송나라에 유학할 때 중국에 있던 원효의 저서를 수집하는 데 총력을 기울였다. 그래서 원효의 저서를 가지고 고려에 귀국한 뒤 원효를 화쟁국사和諍國師로 추앙하였다. 또한 의상도 의천에 의하여 추앙받았다. 이를 통해 한국을 대표하는 고승인 원효와 의상이 의천에 의해 더욱 알려지게 된 것이다.

여섯째, 의천에 의하여 고려에 천태종이 창종되었다. 당시 화엄종, 법상종, 선종 등이 고려에서 맹위를 떨칠 때 천태종이 성립되었다는 것은 한국 천태종 성립사뿐 아니라 고려불교의 교학적 변천이라는 측면에서도 중요한 의미를 가진다는 점을 밝히고자 한다.

이와 같이 본서에서는 문종 이후 고려불교를 발전시켰던 시대적 여건과 상황을 조명해 보고, 송나라 밀항 구법을 통해 수집했던 경·율·논과 흥왕사에 교장도감敎藏都監을 설치하여 불교경전을 간행했던 의천의 행적과 그의 불교사상을 고찰할 것이며, 의천이 송, 요, 일본, 신라의 불서를 수집하여 목록을 작성한『신편제종교총록』의 구성과 내용, 그리고 그 의미를 밝히고자 한다. 아울러 의천이 작성한『해동유본견항록』을 살펴봄으로써 그가 원효 사상에 어떻게 천착했는지 살펴보고, 마지막으로 의천이 창종한 천태종에 대해 고찰함으로써 고려 숙종 시대 전후 고려 불교계의 흐름을 파악하고자 한다.

제2장 고려 문종 시대의 불교

제1절 고려 문종과 불교

문종은 고려불교를 토착화하고자 노력하였다. 이것은 바로 백성들과 함께하는 불교로, 다시 말해 불교라는 이름으로 국가의 통치적인 이상형을 실현하기 위한 현실생활 속의 불교를 지향하였다. 문종은 가뭄이 지속되자 부처님의 힘으로 비를 내리도록 하기 위해 불교도들을 동원하여 기도를 하기도 했고, 또한 겨울에 가뭄이 지속될 때에는 눈이 내리도록 기도를 하는 칙령을 내리기도 하였다.

고려 11대 왕인 문종(文宗, 1046~1083 재위)의 이름은 휘徽요 자는 촉유燭幽다. 어릴 때 이름은 서緖이다. 현종顯宗의 셋째 아들이며 어머니는 원혜태후元惠太后 김씨이고, 현종 10년(1019) 계미일에 태어났다. 형인 제10대 정종靖宗이 승하하고 동생인 문종이 즉위할 당시 『고려사』에는 다음과 같은 기록이 있다.

고려 11대 문종(1046) 5월 기해일에 다음과 같이 명령하였다.
돌아가신 임금이 사용하던 용상(倚床)과 발받침(踏斗: 용상 앞에
놓인 발받침)은 전부가 금·은으로 장식되어 있고 이불과 요는
금·은 실로 짠 계금으로 만들었으니, 담당 관리로 하여금 그것을
동과 철, 능직과 견직으로 고치게 해야 할 것이다.[3]

정종의 침상은 금·은으로 되어 있었다고 하는데, 이것은 당시
고려왕실의 부귀와 위상을 증명하고 있다. 즉 당시는 고려가 안정을
유지하며 전쟁이 없는 시대를 누리고 있었다. 전쟁이 없었다는 것은
정책을 바르게 전개했다는 의미도 있다. 고려 11대 문종은 왕위에
오르면서 불교적인 통치정책을 펴고자 했는데, 특히 태조 왕건의
불교정책을 실천하려고 하였다.

고려 11대 문종(1046) 6월 갑인일에 성서 공부낭중 최원준崔爰俊을
거란에 파견하여 국장을 알렸다.[4]

고려의 문종은 사신을 거란에 파견하여 국상을 알렸다. 국상을
알린다는 것은 고려가 정치적으로 안정기에 들어갔음을 알리는 계기
가 된다. 문종은 왕위에 오르면서 불교를 통해서 정치적인 안정을

---

3 리만규, 리의섭, 『고려사』 1, 과학원출판사, 1962, p.310.
4 박시형, 홍희유, 『북역 고려사』(제1책), 신서원, 1962, p.310.

유지하기 위한 준비를 하였다.

고려 11대 문종(1046) 가을 7월 초하루 기묘일, 이 날은 왕의 어머니
의 제삿날이므로 왕이 왕륜사王輪寺 도량道場으로 갔다.[5]

문종은 어머니 제삿날에 왕륜사에 갔다. 어머니를 위하여 친히
불공을 했다는 것은 문종이 그만큼 불교에 심취되어 있고, 아울러
왕으로서 백성에게 불교의례의 모범을 보이고자 했던 것으로 볼
수 있다.

1. 문종과 고려 화엄종

문종은 당시 철저히 고려의 화엄종을 신봉하고 있음을 알 수 있다.
왕위에 오른 이후에 경덕전에서 화엄도량을 설치하고 백성들에게
화엄사상을 전파하는 역할을 하기도 하였다. 화엄종은 신라시대 의상
에 의하여 신라에 전해진 종파이며, 고려 때에도 그 위세가 컸던
종파이다. 문종은 이러한 화엄종의 정신을 바르게 실천하려고 했던
왕이다. 이하에서는『고려사』의 문종 관련 기록을 통해 문종 시대의
불교의 모습을 고찰해 보겠다.

고려 11대 문종(1046) 8월 임자일에 경덕전에 화엄경도량華嚴經道

---

5 리만규, 리의섭,『고려사』 1, 과학원출판사, 1962, p.311.

場을 설치하였다.[6]

문종 시대에 화엄경도량을 마련했다는 것에서 문종이 『화엄경』을 중요시하였음을 알 수 있는데, 특히 문종은 화엄종을 최고의 이상으로 여긴 신라 불교의 정신을 실천하려고 하였다. 화엄종은 신라시대 의상을 중심으로 발전했던 종파이기도 하다. 문종 시대에도 화엄종을 통하여 정치적인 힘을 얻으려고 했던 것이다.

고려 11대 문종(1046) 경신일에 왕이 경덕전에 나가서 조회를 받고 선정전宣政殿에 가서 시중 최제안崔齊顔과 평장사 최충 등을 불러 당면 정책의 옳고 그른 것을 논의하였다.[7]

문종은 왕위에 오르면서 인재 등용 등에 대해 재상인 최충의 의견을 청취했던 것으로 보인다. 그리고 최충에게 정치에 관한 의견을 들었음을 볼 수 있다.

고려 문종 11대(1046) 9월 기묘일에 왕이 보제사普濟寺에 가서 승려들에게 대중공양을 올렸다.[8]

이를 보면 문종 시대에 보제사가 왕찰王刹로 쓰인 것으로 보인다.

6 리만규, 리의섭, 『고려사』 1, 과학원출판사, 1962, p.311.
7 박시형, 홍희유, 『북역 고려사』(제1책), 신서원, 1962, p.311.
8 리만규, 리의섭, 『고려사』 1, 과학원출판사, 1962, p.311.

보제사는 왕건이 창건한 사찰이기에 그 의미가 매우 크다는 것을 알 수 있다. 고려불교의 역사성을 말하고 있는 보제사는 원래 선종의 사찰이다. 태조가 왕조 창건을 전후하여 선종을 수용한 것은 지방의 토호세력을 포섭하기 위함이었다.

고려 문종 11대(1046) 을유년에 이 날부터 3일 동안이나 내전에서 백좌인왕경도량百座仁王經道場을 설치하였다.[9]

문종 시대에 와서 백좌도량을 열고 고려국의 발전을 위한 대대적인 법회를 궁중에서 열었다는 것은 백성들에 안정과 정치적인 힘을 발휘하려던 문종의 불교정책이며, 이에 문종은 불교를 통해 백성들을 일심사상으로 집결시키고자 하였다.

고려 문종 11대(1046) 정유일에 임진현(臨津縣: 지금의 개성 장풍군) 사람 배행裵行이 왕명을 위조하여 조경 등 7명에게 관직을 주었다. 국법으로는 마땅히 교형에 처해야 할 것이나 마침 대사령이 내린 때라 관직만 파면시켜 고향으로 돌려보냈다.[10]

문종 시대에 왕명을 위조하여 벼슬을 하려고 했던 사건이 발생했는데, 문종은 그들을 용서하여 주었다.

9 리만규, 리의섭, 『고려사』 1, 과학원출판사, 1962, p.311.
10 박시형, 홍희유, 『북역 고려사』(제1책), 신서원, 1962, p.311.

고려 문종 11대(1046) 11월 경인일에 팔관회를 열고 왕이 법왕사에
갔다.[11]

문종은 팔관회八關會[12]를 열었는데, 팔관회를 거행하는 일정이 정해
지지 않았고 왕의 명령을 받아 시행했던 것 같다. 겨울에 팔관회를
열었다는 것은 정치적인 의미가 있었던 것이 아닌가 한다.

고려 문종 11대(1046) 12월 초하루 병오일에 문무백관들이 경덕전
에서 이르러 성평절(成平節: 고려 문종 때에 임금의 탄신일을 기념하
던 날)을 축하하였다. 왕은 재상들과 급사중승給舍中丞 이상 측근
들을 위하여 선정전에서 연회를 배설하였다. 성평절이란 왕의
생일로서 매년 이 날이 되면 국가에서는 7일간이나 계속하여
기상영복도량祈祥迎福道場을 외제석원外帝釋院에 설치하고 문무
백관들은 흥국사興國寺에서, 동경·서경 민과 4도호와 8도목(四道
護八牧)들에서는 각각 소재지의 절간에서 이 행사를 진행했는데
이것을 상례로 하였다.[13]

---

11 박시형, 홍희유, 『북역 고려사』(제1책), 신서원, 1962, p.311.

12 우리 민족 고유의 민속신앙과 불교의 팔관재계八關齋戒가 습합된 신라와 고려시
대의 국가적 행사이다. 팔관회는 신라시대부터 시작되었는데, 고려에 와서는
신라의 팔관회에 지리도참地理圖讖 사상을 첨가하고 조상제祖上祭의 성격을
표면화시켜 천하태평·군신화합을 기원하는 민족적·호국적 연중행사로 발전하
였다.

13 리만규, 리의섭, 『고려사』 1, 과학원출판사, 1962, p.312.

문종은 고려 전체에 불교의 정신을 실현하도록 왕명에 의하여
7일간 기도를 했는데, 이것은 바로 불교국가의 위상을 드높이는 결과
를 가져왔다. 고려를 불교국가라고 말할 수 있는 것은 바로 문종
때부터라고 말할 수 있다.

> 고려 문종 11대 원년(1047) 4월에 최충을 문화시중으로, 김영기金
> 令器를 문하시랑 평장사로, 김원충金元冲을 내시시랑 평장사로,
> 박유인朴有仁을 상서좌복야 참지정사로, 이자연李子淵을 이부상
> 서 참지정사로 삼았다.[14]

문종은 최충을 문화시중으로 삼고 고려를 바르게 이끌어갈 수
있는 정치적인 안정을 유지하려고 하였다. 문종은 최충의 진언을
청취하여 그대로 시행하려고 했던 것 같다. 문종에게 있어서 최충은
최고의 정치적인 후원세력이었다.

> 고려 문종 11대 원년(1047) 여름 정묘일에 회경전에서 왕이 친히
> 백좌인왕도량을 설치하고 구정에서는 승려 1만 명에게 공양을
> 올렸다.[15]

문종은 고려를 바르게 지키려고 자신은 불교적인 삶을 살았고,
고려를 불교국으로 만들어 고려 백성들에 전하는 역할을 다하였다.

---

14 김종서, 『신편 고려사절요』(상권), 민족문화추진회, 2004, p.342.
15 리만규, 리의섭, 『고려사』 1, 과학원출판사, 1962, p.312.

실질적으로 고려는 문종의 역할이 있었기에 불교국가의 토대를 마련했고, 이를 통해 대내외적인 위상을 높이려고 하였다.

> 고려 문종 11대 원년(1047) 6월 을묘일에 왕이 공경대부들을 인솔하고 봉은사에 가서 왕사王師 결응決凝을 국사國師로 임명하였다.[16]

문종은 화엄종 승려이자 왕사였던 결응을 국사로 임명하였다. 문종은 국사 임명 등 불교적인 정책을 실시했지만 불교 교단은 마련하지 못하였다.

> 고려 문종 11대 원년(1047) 8월 신해일에 왕이 문덕전에서 금강경 도량을 설치했는데, 이것이 5일간이나 계속되었다.[17]

문종 원년에 왕의 주관으로 『금강경』을 독송하는 행사를 5일 동안 시행했다는 것은 바로 불교사상을 통해 고려를 이끌어가려고 한 사례로 볼 수 있다. 고려에서 『금강경』을 독송했다는 기록은 문종 원년이 처음이라고 말할 수 있다. 『금강경』은 선종에서 실천하는 경전으로서, 문종 시대에도 선종의 영향이 컸다는 것을 반증한다 하겠다.

> 고려 문종 11대 원년(1047) 8월에 형부가 사형을 거듭 진주하니,

---

16 박시형, 홍희유, 『북역 고려사』(제1책), 신서원, 1962, p.316.
17 박시형, 홍희유, 『북역 고려사』(제1책), 신서원, 1962, p.317.

왕이 이르기를 "사람의 목숨은 지극히 중하니 죽은 자는 다시 살아날 수 없다. 과인이 사형수를 판결할 때마다 반드시 삼복三復을 하고도 오히려 그 실정에 어긋나지는 않나 염려하는데, 혹시나 원통하고 억울함이 있어서 하소연할 것이 없는 한을 품게 되면 애통하지 않을 수 있겠는가. 그러니 살피고 조심하라." 하였다.[18]

문종은 사람의 생명이 가장 소중한 것이라고 말하고 있으며, 비록 사형을 당할 사람이라고 하여도 사형에 대한 명령을 내릴 때에는 깊은 성찰이 있었다.

고려 문종 11대 원년(1047) 기유일에 연덕궁비延德宮妃 이씨가 아들을 낳았다. 이름을 훈勳이라 고쳤다.[19]

문종의 첫째 왕자가 태어났다. 이 왕자가 나중에 문종의 뒤를 이어 왕위에 오른 순종順宗이다. 그러나 순종은 병약하여 재위 3개월 만에 승하하고 말았다.

2. 고려 문종 2년의 불교

문종 2년은 정치적으로 안정된 시기였고, 또한 고려의 주변국에서도 고려에 조공을 하려고 오는 나라가 많았다. 고려는 조공을 받으면서

---

18 김종서, 『신편 고려사절요』(상권), 민족문화추진회, 2004, p.345.
19 박시형, 홍희유, 『북역 고려사』(제1책), 신서원, 1962, p.320.

주변국에 대해 우위를 지키는 역할을 하였다.

고려 문종 11대 2년(1048) 봄 정월에 동여진 화화장군 구라마리불 仇羅麻里弗 등 40명이 와서 말을 바치니, 차등 있게 물품을 내려 주었다.[20]

여진족이 와서 말을 바쳤고, 문종은 그들에게 하사품을 주었다는 내용으로 고려의 위상을 보여준다.

고려 문종 11대 2년(1048) 여름 4월 갑인일에 왕이 외제석원에 가서 승려 헌란軒欄에서 경을 설하는 것을 들었다. 전례에 임금이 산림山林에 갔다가 돌아올 때에는 반드시 이 외석원에 머물러 승려에게 명하여 봉련鳳輦의 헌란에서 불경을 강의하도록 했는데, 이것이 일종의 의식으로 되었다.[21]

문종 2년에는 문종이 외제석원에 있는 승려에게 설법을 들었던 모양이다. 임금이 정례로 승려의 설법을 들었다는 것에서 임금이 불교에 대하여 얼마나 애정을 가졌는지 알 수 있다.

고려 문종 11대 2년(1048) 9월에 백좌도량을 회경전에서 사흘 동안 설치하고 승려 1만 명을 구정에서 대접하였으며, 2만 명은

---

20 김종서, 『신편 고려사절요』(상권), 민족문화추진회, 2004, p.347.
21 박시형, 홍희유, 『북역 고려사』(제1책), 신서원, 1962, p.322.

외산外山의 이름 있는 사찰에서 대접하였다.[22]

문종 2년 9월에는 백좌도량을 설치하고 승려 1만 명을 초청하여 설법을 들었고, 인근 사찰에서 승려 2만 명을 초청하였다. 고려 문종 시기에 승려들 3만 명에 대한 공양을 했다는 것은 고려에 승려들이 3만 명 이상 존재했다는 것을 보여주는 증거이다.

고려 문종 11대 3년(1049) 봄 거란이 천우위상장군 소유덕蕭惟德과 어사대부 왕수도王守道를 보내와 왕을 수태부 겸중서령 고려국왕 으로 책봉하고 식읍 3천호와 식실봉 3백호를 더해주었으며, 자충 봉상사자공신의 호를 내려주고 계階와 훈勳은 예전과 같으며 아울 러 수레·관복·관·검·인수 및 의대·피륙·안장말 등의 물건을 내 려주니 왕이 남교에서 책봉을 받았다.[23]

문종 3년에 거란으로부터 책봉을 받았다는 기사이다. 이로써 거란 과 고려는 같은 동맹국이라는 이름을 얻게 되었다.

고려 문종 11대 3년(1049) 2월 을해일에 최충崔沖을 수태보로, 이자연李子淵을 수사도로, 왕총지王寵之를 수사공 상주국으로, 정걸鄭傑을 동지 중추원사로, 채충현蔡忠顯을 예부상서로, 최연가 崔延嘏와 양감楊鑑을 좌우산기상서로 각각 임명하였다.[24]

---

22 김종서, 『신편 고려사절요』(상권), 민족문화추진회, 2004, p.348.
23 김종서, 『신편 고려사절요』(상권), 민족문화추진회, 2004, p.349.

문종 3년에는 일반적으로 과거를 보게 하였으나, 승려들에게는 과거시험을 치르게 하지는 않았던 것 같다.

고려 문종 11대 3년(1049) 소현韶顯은 이자연과 경주 김씨(金因渭의 女)의 5째 아들로 태어나 11살에 해안사의 해린 하에서 출가하여, 처음에 『금광명경』과 『성유식론』을 중심으로 수도하였다. 1049년(문종 3년)에 복흥사에서 구족계를 받았다.[25]

이자연(李子淵, 1003~1061)은 고려 초기의 문신으로 딸 셋을 문종에게 시집보냈고, 그 중 인예태후仁睿太后는 나중에 순종·선종·숙종을 낳음으로써 이자연 가문이 권문세족으로서 기반을 다져나가는 계기가 되었다. 여기서 아들인 소현의 출가는 그야말로 이자연 가문이 불교(법상종)를 통해 조정뿐 아니라 고려사회 전반을 통치하려고 한 의도를 추측하게 한다. 당시 불교는 귀족불교로서 막강한 영향력을 지니고 있었기 때문이다.

고려 문종 11대 3년(1049) 9월 경자일에 연덕궁비延德宮妃가 아들을 낳았다. 이름을 증烝으로 명명하였다.[26]

24 박시형, 홍희유, 『북역 고려사』(제1책), 신서원, 1962, pp.324~325.
25 토니노 푸지오니(Tonino Puggioni), 「고려시대 법상종 교단의 추이」, 서울대학교대학원 국사학과 박사학위논문, 1996, p.78.
26 박시형, 홍희유, 『북역 고려사』(제1책), 신서원, 1962, p.327.

문종에게 두 번째 왕자가 태어났다. 왕자가 태어난다는 것은 왕권을 계승하는 데 있어 유리하지만 두 번째 왕자는 그 역할이 미미하다. 고려에서는 원칙적으로 장자를 왕위 계승자로 보았기 때문이다. 이는 태조 왕건 사후에 왕자의 난을 경험했던 고려왕실의 경험에서 나온 조치라 할 수 있다.

제2절 고려 문종 4년 이후 정치

고려 문종 4년에 이르러서는 정치적으로 안정기에 이르고 문종이 정치력을 발휘할 수 있는 토대가 마련되었다. 태조 왕건 이후로 이 시기에 와서 고려는 안정기로 접어들었고, 문종은 이러한 안정을 토대로 고려가 태평성국임을 만천하에 보이고자 하였다.

고려 문종 11대 4년(1050) 봄 동북면 도병마사 박성걸朴成傑이 아뢰기를, "작년 10월에 해적들이 진명포(鎭溟浦: 지금의 함경남도 덕원) 병선 두 척을 탈취하여 갈 때에 병마록사 문양렬文楊烈이 즉시 원흥진(元興鎭: 함경남도 정평군 일대에 있던 군사시설) 도서부 판관 송제한宋蓁罕과 함께 병선을 몰고 적의 소굴까지 추격하여 가옥들을 소각해 버리고 20여 명의 목을 베어 왔으니, 그의 공로를 포창할 만합니다."라고 하였다. 왕이 이 문제를 도병마사에게 회부하라고 명령하였다.[27]

---

27 박시형, 홍희유, 『북역 고려사』(제1책), 신서원, 1962, p.327.

동북면에서 발생한 사건을 문종은 동북면 도병마사에 회부하였다. 이러한 명령은 각 지역에서의 분쟁은 그 지역에서 관할할 수 있도록 하려는 문종의 정책의 일단으로, 그만큼 정치적으로 안정이 되어 있었다는 것을 반증해 준다.

고려 문종 11대 4년(1050) 문화시중 최충을 개부로 동삼사 수태부로 삼고 추충 찬도공신의 호를 내려 주었으며, 김원충을 문화시랑 평장사 판상서형부사로, 이자연을 내사시랑평장사로, 정걸을 증 추원사 한림학사 승지로 삼았다.[28]

문종은 최충(崔沖, 984~1068)에게 최고의 예우를 해주었는데, 최충이야말로 문종에게 있어서는 가장 충성스런 신하였음을 알 수 있다. 최충은 현종으로부터 덕종, 정종, 문종에 이르는 4대의 왕을 섬기면서 특히 과거를 주관하는 지공거知貢擧를 여러 번 역임했고, 문종 때에는 문신이면서도 왕의 특명으로 판서북로병마사判西北路兵馬事가 되어 서북 변경의 영원진寧遠鎭, 평로진平虜鎭 등의 진과 보루 14개를 설치하고 돌아오는 등 내정과 국방에 크게 기여하였다. 문종 대에 이루어진 수많은 법제도의 정비는 사실상 최충이 재상 시절에 일궈낸 업적이라 해도 과언이 아니라고 할 만큼 그는 명재상이었다. 문종은 '해동공자'라 불린 충성스런 최충을 최고의 후원세력으로 믿었던 것이다.

---

28 김종서, 『신편 고려사절요』(상권), 민족문화추진회, 2004, p.352.

또한 문종은 다음과 같이 백고좌법회를 거행하였다.

고려 문종 11대 4년(1050) 9월 을사일에 회경전에서 3일에 걸쳐
백고좌인왕도량百高座仁王道場을 설치하였다.[29]

신라시대부터 나라를 위하여 실시했던 백고좌인왕경도량을 설치
하고 3일간 행사를 했는데, 이것은 호국적인 면을 강조하기 위함이기
도 하다. 백고좌법회에서 『인왕경』을 강독하는 것은 신라시대 고구려
에서 망명해온 혜량이 황룡사에서 실시했던 호국적인 법회에서부터
시작되었다.

고려 문종 11대 4년(1050) 겨울 12월에 거란이 고주관찰사 소옥蕭
玉을 보내와 생신을 하례하였다. 최충이 아뢰기를 "동여진 추장
염한鹽漢 등 85명이 일찍이 여러 차례 국경을 침범하여 변방 백성을
노략질해 갔으므로 경관京館에 억류한 지가 오래 되었으나, 오랑캐
는 겉만 사람이고 속은 짐승이어서 형법으로도 응징할 수 없고
인의로도 교화할 수 없습니다. 구류시킨 지가 이미 오래되어 앙심
을 먹고 원한을 품은 것이며, 수구首丘의 정이 반드시 그 근본을
잊어버리지 않을 것이고, 또 드는 비용이 너무 많으니 모두 놓아
보내소서" 하니 따랐다.[30]

---

29 리만규, 리의섭, 『고려사』 1, 과학원출판사, 1962, p.320.

30 김종서, 『신편 고려사절요』(상권), 민족문화추진회, 2004, p.355.

문종이 최충의 진언을 수용했던 것을 보면, 최충을 가장 믿고 신임했음을 짐작할 수 있다.

고려 문종 11대 5년(1051) 봄 계해일에 왕이 진관사眞觀寺에 가서 새로 만든 『화엄경』과 『반야경』을 열람하였다.[31]

문종 5년 봄에 진관사에서 새로 만든 『화엄경』과 『반야경』을 열람했는데, 문종이 화엄사상도 깊이 탐구하였음을 엿볼 수 있는 대목이다. 아울러 문종 시대에는 적어도 화엄사상이 고려불교를 지탱하는 한 축이었음을 말하고 있다.

고려 문종 11대 5년(1051) 2월 계사일에 경시서京市署에 화재가 나서 1백 20호가 연소되었다. 해당 관리에게 명하여 목재와 기와를 주게 하였다. 을미일에 왕이 연등회를 열고 봉은사에 갔으며, 이튿날에는 화연花宴을 베풀게 하고 근시들을 불러서 다 같이 이에 참가시켰다.[32]

문종이 백성들에게 자비심을 베푼 대목이다. 아울러 연등회를 열고 봉은사에 간 걸 보면, 문종 당시에는 불교의례를 중요한 정치적 행사의 하나로 간주하고 있었음을 볼 수 있다.

31 박시형, 홍희유, 『북역 고려사』(제1책), 신서원, 1962, p.330.
32 리만규, 리의섭, 『고려사』 1, 과학원출판사, 1962, p.330.

고려 문종 11대 5년(1051) 경자일에 내사문하에서 아뢰기를 "중흥
重興, 대안大安, 대운大雲 등 사찰을 창건 또는 중수하는 토목
공사가 바야흐로 진행되고 있사오나, 대체로 보아 그 사업이 그다
지 시급한 것은 아닌데 공인과 인부들은 밤낮 일에 시달리고
음식을 날라다가 먹이는 일도 호번합니다. 그리하여 집으로 돌아
오는 아내, 공사장으로 가는 자식들이 도로에 잇대어 봄, 여름
이래로 잠시도 쉬지 못하고 있습니다. 더군다나 작년 농사가 부실
하여 백성들은 식량이 떨어져서 노력을 감당해 낼 수가 없습니다.
이 공사를 응당 해야 되지마는 농한기로 미루게 하여 주시기
바랍니다"라고 하니 왕이 이 제의를 좇았다.[33]

문종은 불사를 강행하지는 않았다. 불사는 바로 백성들을 위함이라
고 보았기에 백성들에게 이로움을 주지 않는 불사는 하지 않았던
것 같다.

1. 문종의 노인우대 정책

문종은 임금으로서 자비심을 베풀기 위하여 5년이 되던 해에는 노인들
에 대하여 우대정책을 실시하였다. 특히 승려로서 80세 이상인 고승과
일반 백성으로서 80세 이상인 자들을 우대하였고, 병든 노인들을
돌보는 복지 정책을 수립하였다.

---

33 박시형, 홍희유, 『북역 고려사』(제1책), 신서원, 1962, p.331.

고려 문종 11대 5년(1051) 8월 신축일에 왕이 친히 80세 이상의 승려, 속인俗人 남녀 1천 3백 43명과 심한 폐질자인 승려, 속인 남녀 6백 52명과 효자, 순손, 질부 14명을 위하여 구정에서 음식을 먹이고 물품을 차등 있게 주었다.[34]

문종이 80세 이상의 승려들과 속인들에게 있어서 예우를 했다는 것은 그만큼 자비심과 인정을 베풀고 백성들을 위하는 선행을 하려 했다는 징표로, 이는 불교적인 자비 실천을 통해서 백성들을 위하는 정책을 실현하고자 한 것이다.

고려 문종 11대 5년(1051) 11월 경신일에 팔관회를 열었다. 보름날은 월식이 있게 되므로 이 날 13일에 초회初會를 가졌다.[35]

음력 11월이면 겨울이다. 추운 겨울에 팔관회를 거행한 것은 불교의 정신이 아니고서는 실시하기가 어려운데, 여기서 문종이 불교에 깊은 믿음과 신념으로써 백성들에게 모범을 보여주었음을 알 수 있다.

고려 문종 11대 6년(1052) 2월 무인일에 연덕궁주延德宮主 이씨를 책봉하여 왕비로 삼았다.[36]

34 박시형, 홍희유, 『북역 고려사』(제1책), 신서원, 1962, p.332.
35 리만규, 리의섭, 『고려사』 1, 과학원출판사, 1962, p.333.
36 박시형, 홍희유, 『북역 고려사』(제1책), 신서원, 1962, p.333.

문종은 연덕궁주를 왕비로 책봉하였다. 연덕궁주는 성이 이씨李氏이며 본관은 인주仁州이다. 중서령 이자연의 딸로, 처음에는 납비되어 연덕궁주에 봉해졌다가 왕비로 책봉되어 인예왕후仁睿王后라 하였다. 평소 불교를 깊이 숭상하였던 그녀는 1089년에는 국청사國淸寺를 창건하였다. 문종과의 사이에서 순종, 선종, 숙종, 의천, 적경궁주 등 10남 2녀를 두었다.

고려 문종 11대 6년(1052) 4월 기묘일에 왕이 대안사에 가서 이 절을 수축하는 사업이 끝났다 하여 낙성도량落成道場을 배설하였다.[37]

대안사를 중수했다는 것은 본래 있던 사찰을 개축한 것이다. 대안사가 본래 어느 종단에 속하는 사찰인지 아직 밝혀지지 않고 있다.

고려 문종 11대 6년(1052) 9월 경신일에 회경전에서 3일간에 걸쳐 백고좌도량을 설치하였으며, 구정毬庭과 모든 이름 있는 사찰에서는 승려 3만 명에게 공양을 하였다.[38]

왕궁에 있는 정원에 승려들을 초청하여 공양을 대접하기도 했고, 전국의 사찰에서는 일시에 공양을 했던 것으로 보아 문종 시기에 승려는 3만 명 이상이 되었던 것 같다. 3만이나 되는 승려에게 공양을

---

37 박시형, 홍희유, 『북역 고려사』(제1책), 신서원, 1962, p.334.
38 박시형, 홍희유, 『북역 고려사』(제1책), 신서원, 1962, p.337.

한다는 것은 대단한 일이고 경비가 많이 드는데, 그만큼 불교가 문종 시기에 존중받았음을 보여준다.

고려 문종 11대 6년(1052) 12월에 거란이 영주자사 야율사청耶律士 淸을 보내 생신을 하례하였다.[39]

거란에서 영주자사를 보내 문종의 생일을 축하했는데, 영주의 자사 는 실제로는 고구려 땅의 자사라고 보아야 한다. 거란이 차지하고 있는 지역은 대부분 고구려의 국토이기도 하기 때문이다.

고려 문종 11대 7년(1053) 2월 정축일에 동여진의 아부한阿夫漢 등 33명이 와서 준마를 바치는 동시에 범인들에게 납치되어 갔던 우리 백성들 6명을 돌려보냈으므로 상을 차등 있게 주었다.[40]

고려 시기에는 동여진 사람들이 고려에 자주 침략하기도 했지만 고려에서는 동여진 백성들을 포용하여 예우하기도 하였다.

2. 문종의 보살계 수지

문종 7년에는 왕이 보살계를 받음으로써 정식으로 불제자가 되었다. 왕이 보살계를 받았다는 사실은 고려사회를 불교 정신으로 통치하려

---

39 김종서, 『신편 고려사절요』(상권), 민족문화추진회, 2004, p.361.
40 박시형, 홍희유, 『북역 고려사』(제1책), 신서원, 1962, p.338.

는 의지의 상징적 표현이라고 볼 수 있다.

고려 문종 11대 7년(1053) 6월 계미일에 왕이 건덕전에서 보살계菩薩戒를 받았다.[41]

임금이 보살계를 수지할 때에 백성들을 위하는 정책을 실현하겠다고 서원을 세웠으므로 백성들은 기뻐하였을 것으로 본다. 그러한 기록이 자세히 나오지 않아 궁정의 분위기를 살필 수는 없지만, 왕이 보살계를 수지할 정도로 고려는 온전한 불교의 나라였다고 말할 수 있다. 한편, 문종 당시에 부처님 오신 날에 대한 기념을 하지는 않은 것 같다.

고려 문종 11대 7년(1053) 9월 신묘일에 왕이 북숭산北崇山 신광사新光寺에 가서 나한재羅漢齋를 올리고 모든 종친, 재상 및 시종들을 위하여 연회를 베풀었다.[42]

나한재가 우리나라에서 언제부터 시작되었는지는 정확히 알 수 없지만, 고려시대에는 국가적 행사로 전국 각 사찰에서 나한재를 올린 기록이 다수 존재한다. 고려 문종 시기의 중심 되는 불교사상이라면 화엄사상을 들 수 있는데, 화엄사상은 고도의 교학적 체계를 갖추고 있어 왕권과 긴밀한 관계를 맺고 있다고 한다면, 나한재는 이러한

---

41 박시형, 홍희유, 『북역 고려사』(제1책), 신서원, 1962, p.338.
42 박시형, 홍희유, 『북역 고려사』(제1책), 신서원, 1962, p.340.

화엄사상과는 달리 민간적이고 대중적인 불교신앙의 면모를 지닌
행사가 아닌가 여겨진다.

고려 문종 11대 7년(1053) 10월 정사일에 자비령 미륵원彌勒院에
머물러 향을 올리고 의복을 보시하였으며, 행차가 절령을 지나는
데 길가에서 한 여자가 두 어린애를 안고 있는 것을 보고 왕이
불쌍히 여겨 쌀을 내려주었다.[43]

문종은 미륵원에 들려 향을 올리기도 했고, 행차하는 동안에 길거리
에서 아이를 안고 있는 여인을 보고 불쌍히 여기는 마음이 일어나기도
하였다. 이는 문종이 보살계를 수지한 이후에 보여준, 불교의 자비를
몸소 실천한 예이다.

고려 문종 11대 7년(1053) 신유일에 왕이 서경으로부터 서울로
돌아왔다. 11월 기축일에 왕이 다음과 같은 조서를 내렸다. "『서
경』에 이르기를, 임금(一人)이 아주 훌륭하면 온 나라 풍속이
바르게 된다고 하였다. 태자太子는 국가의 근본인바 후계자를
정함에 있어서 적서嫡庶의 차별을 가리는 것은 나라의 전통성을
소중히 여기고 민심을 통일시키는 일이며, 일체 국가를 가진 자에
게는 이 일보다 더 긴급한 일이 없으니 연덕궁비延德宮妃의 맏아들
휴烋의 이름을 훈勳으로 고쳐 태자를 삼게 하라."[44]

---

43 김종서, 『신편 고려사절요』(상권), 민족문화추진회, 2004, p.363.
44 박시형, 홍희유, 『북역 고려사』(제1책), 신서원, 1962, p.341.

문종 7년에 연덕궁비, 곧 인예순덕태후仁睿順德太后의 장자를 태자로 책봉하라고 명령을 내린 이후 휴라는 이름을 훈으로 고쳤는데, 태자로 책봉되는 것은 다음 대 왕이 될 수 있다는 것을 의미한다. 태자 훈은 순종이 된다.

> 고려 문종 11대 8년(1054) 2월에 왕자 훈勳을 책봉하여 왕태자로
> 삼고 사면령을 내렸으며, 직급이 있는 모든 사람에게 한 계급씩
> 올려주었다.[45]

문종은 왕자 훈을 책봉하여 왕태자로 삼고 사면령을 내렸다. 백성들에게 새로운 왕태자의 책봉을 알리는 역할을 하기도 했는데, 이것은 정통적인 왕위 계승에 대한 선언이기도 하다.

> 고려 문종 11대 8년(1054) 4월 여름 경술일에 이자연李子淵에게
> 태부太傅 벼슬을 더 주었다. 이 날 명령을 내려 대사령 전에 파직을
> 당한 관원과 아전들을 모두 복귀시키게 하였다.[46]

이자연은 날마다 직급이 높아졌고 파직을 당한 관원과 아전을 전원 복귀시키는 역할을 했다는 것에서 이자연에게 그만큼 권력의 힘이 있음을 알 수 있다. 이자연의 권세에는 왕실 외척이라는 배경만이 있었던 것은 아니고 자신의 개인적 능력도 크게 좌우했다고 볼 수

---

45 김종서, 『신편 고려사절요』(상권), 민족문화추진회, 2004, p.363.
46 박시형, 홍희유, 『북역 고려사』(제1책), 신서원, 1962, p.342.

있다. 그는 현종 15년(1024) 22세의 나이로 과거에 장원급제한 후 1031년 우보궐을 시작으로 이부낭중, 어사잡단, 우승선을 거쳐 지중추원사, 중추부사 등으로 승진을 거듭하였다. 그러다 문종 대에 들어와서는 더욱 왕의 신임을 받아 문종 원년(1047)에 이부상서 참지정사에 임명되고 3년 뒤에는 마침내 평장사에 올라 일약 정계의 핵심인물로 부상한 것이다. 그런데 여기에 더하여 태부 벼슬까지 얻은 것이다. 하지만 왕실 외척으로서 고려 중기를 풍미한 인주 이씨 세력이 바로 이자연 때부터 형성되기 시작하여 화근의 불씨로 자리 잡게 된다.

고려 문종 11대 8년(1054) 가을 7월에 왕자 희熙가 태어났다. 뒤에 이름을 옹顒으로 고쳤다.[47]

고려 문종 8년에 연덕궁주는 셋째 왕자를 낳았다. 고려는 거란과 송나라와도 전쟁이 멈추었는데 이로 인하여 고려 문종 시기에는 이웃나라들 간에 힘의 균형이 잡혔다. 이를 토대로 문종은 고려사회에 태평성대를 실현하고자 하였다.

47 김종서, 『신편 고려사절요』(상권), 민족문화추진회, 2004, p.364.

제3장 고려 문종 시대의 불교사상

제1절 의천의 탄생과 시대적 배경

문종은 불교를 사상적으로 탐구한 것으로 보이는데, 물론 신라에서 전승되었던 화엄사상을 선호했던 것 같다. 문종 시대 이전에는 신라의 불교를 그대로 전승했는데 역시 교종인 화엄종을 선택하였다. 문종도 이전의 흐름을 이어받아 화엄사상을 중시하였다. 문종의 아들인 의천이 태어난 시기는 고려가 전쟁이 없었던 시기였고, 고려뿐만 아니라 주변국에서도 전쟁이 없는 시대였다.

고려 문종 11대 9년(1055) 봄 무신일인 이 날은 한식날이었으므로 송나라 상인 섭덕총葉德寵 등 87명은 오빈관娛賓館에서, 황증黃拯 등 1백 5명은 연빈관迎賓館에서, 황조黃助 등 48명은 청하관淸河館

에서 각각 음식을 대접하였다.[48]

문종 9년에 이르러서는 거란과 송나라에서도 고려에 자국의 백성들을 파견하기도 하였다. 문종은 거란 불교 및 송나라 불교와 교류를 하는 데도 적극적이었다. 이것은 바로 내적으로는 고려의 정치력이 강해진 것이고, 외적으로는 외교력이 높아진 것임을 알 수 있다.

고려 11대 문종 9년(1055) 8월 문화시중 이자연이 아뢰기를 "하늘과 땅의 재앙과 상서는 매양 형정의 잘잘못과 서로 부합되므로 상과 벌을 신중히 하지 않으면 안 됩니다. 삼가 생각건대 이부와 형부는 사실을 분별해 다스리기를 힘써야 하는데, 날이 지나고 달이 바뀌어도 질질 끌고 판결 짓지 못하는 것이 많음이 이부와 형부 두 부의 관리에게 사리를 정밀히 살피게 하고, 그 관리가 근면한지 태만한지를 조사하여 정사에 부지런하고 형벌할 때에 불쌍히 여기시는 뜻에 맞추어 하늘과 땅의 아름다운 상서를 이룩할 것입니다" 하니 따랐다.[49]

문종 9년에는 최충이 관직에서 물러나고 이자연이 최충이 차지하고 있던 자리에 오르게 되었다. 이로써 이자연 가문은 고려 중기에 걸쳐 권문세가를 이루는 기틀을 마련하였다.

---

48 박시형, 홍희유, 『북역 고려사』(제1책), 신서원, 1962, p.344.
49 김종서, 『신편 고려사절요』(상권), 민족문화추진회, 2004, pp.367~368.

1. 의천의 탄생

대각국사大覺國師 의천義天은 고려가 가장 흥륭하던 시기인 제11대 문종文宗 9년(1055) 9월 28일에 궁중에서 태어났다. 훗날 불문에 승려로 출가하여 불명을 의천이라고 했는데, 의천이 태어나던 시기에 고려는 한층 불교적인 국가를 건설하려는 듯이 도처에 사찰을 건립하였다. 곧 문종은 태조 왕건이 불교로 나라를 통치하라는 유훈을 수호하려는 강한 의지를 보인 것이다.

의천은 인예태후仁睿太后 이씨李氏를 어머니로 하여 태어난 넷째 왕자였다. 국사의 본래 이름은 후煦이고 자는 의천인데, 송宋 철종의 휘諱가 후煦였으므로 그 이름을 피하고 대신 자인 의천으로 통용하였다.[50]

문종 9년 을미 1055년 겨울 10월, 병신일에 다음과 같은 명령을 내렸다. "옛날 제왕들이 불교를 숭상하여 왔음은 문헌들에서 볼 수 있고 특히 우리의 태조 이후는 대대로 사원을 세워 행복과 경사를 축원하여 왔다. 그런데 내가 왕위를 계승하여 어진 정치를 실시하지 못한 관계로 재변이 빈번하게 나타난다. 그러므로 나는 부처님의 힘을 빌려서 나라를 행복하게 하려 하노니 해당 관리로 하여금 적지를 선택하여 사원을 건설하게 하라."[51]

---

50 강남석, 「고려 천태사상사의 연구」, 원광대학교 대학원 박사학위 논문, 2001, pp.68~69.

51 김효탄 역주, 「고려사 불교관계사자료집 번역편」, 민족사, 2001, p.57.

　문종은 화엄종을 의지하여 왕이 되었다. 고려 초기에 왕건이 국사나 왕사를 숭상한 것은 신라시대의 불교를 그대로 전승하려는 의도도 있었으나, 한편으로 신라시대 화엄종의 위력을 통해서 새로운 고려를 건설하고자 한 것으로도 볼 수 있다.

　고려 초기에는 화엄종과 선종이 영향력을 행사하던 위치에 있었는데, 이 시기에 접어들면서 화엄종과 법상종이 주도권을 행사하는 위치로 바뀌었다. 이와 같은 불교교단의 변화에 따라 선종은 지방으로 밀려나면서 그 세력이 어느 정도 줄어들었다.[52]

　문종은 고려를 강성한 나라로 건설하기 위하여 불교를 숭상하였고, 불교를 숭상함에 따라 각지에 사찰을 건립하려는 서원을 세운 것이다.

2. 문종의 흥왕사 건립

문종은 왕위에 오른 지 10년이 되는 해에 흥왕사[53]를 건립하고자 하였다. 이는 고려 백성들에게 정치적인 힘을 보여주기 위함임과 아울러 고려를 흥하게 하려는 의미를 담고 있다. 그래서 고려 왕실이 흥한다는 의미로 사찰의 이름을 흥왕사로 정했다고 본다.

　문종 10년 병신(1056) 2월 처음으로 흥왕사를 덕수현(德水縣: 지금의 개성시 판문군)에 짓고 그 현을 양천(楊川縣: 지금의 경기도

---

52 이병욱, 『고려시대의 불교』, 혜안, 2002, p.48.

53 고려 문종 10년(1056) 개경開京 덕적산德積山의 남쪽 기슭에 창건하기 시작하여 문종 21년 낙성 후 문종의 진전眞殿사원으로 삼은 화엄종華嚴宗 소속 사원이다.

김포시 양촌면)으로 옮기라고 분부하였다. 그러자 지중추원사 최
유선崔惟善이 간하길 "옛날에 당태종은 신성하고 영무英武하여
비할 데가 없었는데 백성이 도첩을 받아 승려가 되는 것과 사관
짓는 것을 하락하지 않아 그의 아버지인 고조의 뜻을 따랐으므로
사전(史傳: 역사책)에서 모두 칭찬하였습니다. 우리 태조의 「훈요
訓要」[54]에 국사 도선道詵이 국내 산천지세의 순역을 살펴서 절을
세울 만한 곳이면 짓지 않는 곳이 없었으니, 후세의 사왕嗣王
및 공후, 귀척, 후비, 신료는 앞 다투어 원찰願刹을 지어 지덕을
손상시키지 말라 하였습니다. 지금 전하께서 조종의 오랜 터전을
계승하여 태평한 세월이 오래되었으니 마땅히 절용하고 백성을
사랑하여 가득찬 복을 유지하고 이루어 놓은 왕업을 지켜서 후사에
게 물려주어야 하는데, 어찌하여 백성의 재물을 없애고 백성의
힘을 다해서 급하지 않는 비용에 이바지하여 나라의 근본을 위태롭
게 하려 하십니까? 신은 이에 매우 의심스럽습니다" 하니 왕이
옳게 여겨 답하였다.[55]

문종 10년에 흥왕사를 건립하는 데 기초를 다졌다. 덕수현을 양천으
로 옮겼는데, 이것은 흥왕사를 건립하는 데 있어 그 규모가 얼마나

---

54 고려 태조 왕건이 자손들을 훈계하기 위해 몸소 지었던 유훈 10조의 훈요와
   그 서론격에 해당하는 신서信書를 합친 「신서훈요10조信書訓要十條」를 말한다.
   이는 서론 부분이라 할 수 있는 신서와 본론 부분에 해당하는 10조의 훈요로
   구성되어 있으며, 훈요 10조를 남기는 목적과 태조의 신앙·사상·정책·규범
   등을 담고 있다.
55 김종서, 『신편 고려사절요』(상권), 민족문화추진회, 2004, p.371.

큰가를 알 수 있다. 문종의 흥왕사 건립은 고려시대 최대의 불사이다. 문종은 흥왕사를 건립하려고 서원을 세우고, 병신일에 승려들 3만 명에게 공양을 대접하였다.

문종 10년 병신(1056) 병신일에 다음과 같은 조서를 내렸다. "석가모니가 불교를 창시한 것은 청정淸淨으로 근본을 삼아 온갖 더러운 것을 멀리하고 탐욕스러운 생각을 없애자는 것이었는데, 지금은 나라의 역사를 기피하는 무리들이 불교에 이름을 걸어 놓고는 재부를 축적하여 사생활에 마음을 팔고 있다. 이리하여 농업과 축산으로 직업을 삼고 상업이 해로되어 있다. 밖에 나가서는 계율戒律의 조문을 위반하고 집에 들어와서는 청정의 결심이 없으며 몸에 입는 장삼은 술독 덮개로 굴러 떨어지고 불경을 강독하는 장소는 소채밭으로 변하였다. 장사치들과 결탁하여 물건을 매매하고 잡인들과 어울려서 술주정을 하며 놀음 청에 뒤섞여 우란분(盂欄盆: 불가의 행사)을 모독하고 있다. 속인의 관冠을 쓰고 속인의 옷을 입으며 사원을 짓는다는 명목으로 돈을 거두어서 북장구와 깃발을 마련하며 촌락과 시정으로 다니면서 사람들과 난투하여 피투성이가 된다. 내가 그들 중에서 선악을 구분하고 규율을 엄격하게 하려 하노니, 서울과 지방의 사원들을 깨끗이 정리하여 계율에 충실한 자는 전부 안착시키고 계율을 위반한 자에게는 법률로써 논죄하게 하라."[56]

---

56 박시형, 홍희유, 『북역 고려사』(제1책), 신서원, 1962, p.356.

문종 10년에는 전국의 사찰에 조서를 내렸는데, 청정한 불교의 위상을 높이려는 의도가 깔린 조서였다. 이를 통해 당시 고려의 불교 사정을 짐작할 수 있다.

문종 10년 병신(1056) 11월 시중 이자연이 아뢰기를 "요사이 흥왕 사를 짓는 일 때문에 덕수현을 양천楊川으로 옮겼는데, 이 때문에 백성들이 집을 짓느라고 편안히 살 겨를이 없어 남자는 지고 여자는 끌며 길에 늘어섰으니 가난한 사람은 구렁에 떨어져 죽을까 걱정이 되고 넉넉한 사람도 편히 살 곳이 없습니다. 한 해 동안 부역을 면제해 주소서" 하니, 명하기를 "특별히 두 해를 면제하라" 하였다.[57]

흥왕사를 건립하는 데 있어 얼마나 많은 백성들이 참여를 했는지 알 수 있으며, 특히 부역을 2년간이나 면제했다는 점에서 흥왕사를 건립하는 일에 문종이 총력을 기울였음을 알 수 있다.

문종 10년 병신(1056) 11월 임오일에 왕이 내제석원內帝釋院에 가서 승려 해린海麟을 왕사王師로 임명하였다.[58]

문종은 해린을 왕사로 임명하였다. 해린은 법상종法相宗의 고승으로, 덕종 때에는 삼중대사三重大師가 되었다가 곧 수좌首座가 되었고,

---

57 김종서, 『신편 고려사절요』(상권), 민족문화추진회, 2004, p.375.
58 박시형, 홍희유, 『북역 고려사』(제1책), 신서원, 1962, p.357.

1045년(정종 11) 승통僧統이 되었다. 1046년(문종 1) 궁중에 초청받아 유심묘의唯心妙義를 강의하고, 이듬해 이자연李子淵의 다섯 째 아들 소현韶顯을 출가시킨 인물이다. 따라서 그는 당시의 문벌귀족인 인주 이씨와도 긴밀히 연결되어 있었던 것이다.

문종 11년 병신(1057) 봄 정월에 고유高維를 우습우右拾遺로 삼았는데, 중서성이 아뢰기를 "고유의 가계는 탐라출신이니 간관으로서는 적합하지 못합니다. 그의 재주가 아깝다면 다른 관직을 제수하소서" 하니 따랐다.[59]

고유라는 인물이 있었는데 그의 출생지역에 대한 문제로 인하여 간성諫省에는 맞지 않다는 중서성의 요청으로 타관他官에 임명되었다. 그는 1070년 동북로병마부사東北路兵馬副使에 임명되었고 이듬해 비서소감秘書少監으로 과거를 주관하여 75인을 시취試取하였다. 비록 간관에는 임명되지 못했지만 그는 탐라 고씨로서는 최초로 관직에 올랐던 인물로 기록되어 있다.

문종 11년 병신(1057) 5월 정축일에 수춘궁壽春宮에서 3일에 걸쳐 소재도량消災道場을 차렸다.[60]

문종은 11년에는 소재도량을 열었는데, 소재법회는 재난을 당하여

---

59 김종서, 『신편 고려사절요』(상권), 민족문화추진회, 2004, p.377.
60 박시형, 홍희유, 『북역 고려사』(제1책), 신서원, 1962, p.363.

열리기도 하였지만 예방법회로서의 성격을 지니고 많이 열렸다는 특징을 가진다. 소재도량의 의식절차가 어떤 것인지 확실하지 않지만, 그 소의경전은 『불설치성광대위덕소재길상다라니경佛說熾盛光大威德消災吉祥陀羅尼經』 또는 『소재일체재난다라니경消災一切災難陀羅尼經』이었던 것으로 추정되며, 의식절차는 이 경의 내용에 따른 독송이었을 것이다. 따라서 소재도량은 밀교적인 면을 수용한 것으로 생각할 수 있다. 이를 볼 때 문종 시기에는 불교를 종합적으로 수용해 통불교적인 국가불교를 도모한 것이 아닌가 한다.

> 문종 11년 병신(1057) 7월 나이가 80세 이상이 된 남녀와 효자, 순손, 의부, 절부, 홀아비와 과부, 고아와 자식 없는 늙은이, 고칠 수 없는 병에 걸린 자를 구정(毬庭: 궁궐 안의 뜰)에 모아 음식을 대접하고 물품을 차등 있게 내려 주었다.[61]

문종은 자비심으로 백성들을 사랑하는 정치를 실천했는데, 고려의 백성 가운데 빈민들을 궁궐에 초청하여 음식을 대접했다는 것은 이를 말해주고 있다.

> 문종 11년 병신(1057) 10월 정사일에 팔관회를 열고 장경사長慶寺에 갔다.[62]

---

61 김종서, 『신편 고려사절요』(상권), 민족문화추진회, 2004, p.380.
62 박시형, 홍희유, 『북역 고려사』(제1책), 신서원, 1962, p.364.

팔관회를 열었는데 행사에 대한 내용이 없어서 구체적인 의식과 절차는 알 수 없다. 문종 11년은 거란과 친교를 하고 나라에 전쟁이 없는 시기였다. 전쟁이 없다는 것은 정치적인 안정을 말해준다. 그런 시기에 팔관회가 왕실의 주도하에 열린 것이다.

문종 12년 병신(1058) 봄 2월 도병마사가 아뢰기를 "안서도호부 관할에서 공물로 바치는 철을 전에는 병기 만드는 데에 충당할 뿐이었는데 근래에 홍왕사를 창건하면서 또 철공鐵貢을 더 부과하여 백성이 노고를 견디지 못하니 염주, 해주, 안주 세 고을에는 병기에 대한 철의 공납을 2년 동안 없애고 오로지 홍왕사의 쓰임에만 제공하게 하여 백성들의 노고를 풀어주소서" 하니 따랐다.[63]

문종은 홍왕사를 건립하는 데 있어서 최선을 다했는데, 다만 백성들에게 피해가 가는 것에 대하여서는 가급적이면 피해를 주지 않는 데 힘을 다하였다.

문종 12년 병신(1058) 5월 무자일에 왕이 봉은사에 가서 해린海麟을 국사國師로, 난원爛圓을 왕사王師로 각각 임명하였다.[64]

문종 12년에는 해린을 국사로, 난원을 왕사로 임명하였다. 해린은 유가종(법상종)이었고, 난원은 화엄종의 승려였다. 이를 보면 문종은

63 김종서, 『신편 고려사절요』(상권), 민족문화추진회, 2004, p.382.
64 박시형, 홍희유, 『북역 고려사』(제1책), 신서원, 1962, p.367.

당시의 유력한 세력이던 법상종과 화엄종을 함께 배려하고 있음을
엿볼 수 있다.

문종 12년 병신(1058) 가을 7월에 문하성이 아뢰기를 "이제 경창원
景昌院에 소속되었던 전지와 땔감 조달 터를 흥왕사에 이속시키고
어량과 배와 노비는 모두 관에 되돌리게 했는데, 대개 궁원宮院이
란 것은 선왕께서 그 자손에게 전지와 민호를 넉넉하게 내려주어서
자손만대에 전하도록 모자람이 없게 한 것입니다. 이제 왕족이
점차 번성하니 만약 각기 궁원을 내려주려 하면 전지와 시초장을
거두어 불사에다 이속시킬 것입니다. 전지와 민호, 어량, 배를
예전대로 돌려주소서" 하니, 왕이 명하였다. "전지와 시초장은
이미 삼보(三寶: 불법승)에게 드렸으므로 되돌리기는 어려우니
공전(公田: 국유지)을 가지고 원래의 숫자대로 급부하고 나머지는
아뢴 대로 하겠다."[65]

문종은 흥왕사를 건립할 시기에 사찰에 토지를 헌납했는데, 문하성
에서 이 문제를 거론하자, 토지에 대하여서는 삼보에 보시하여 다시
되돌릴 수 없다고 말하고 있다. 이로써 문종이 삼보를 철저히 신앙하였
음을 알 수 있다.

---

65 김종서, 『신편 고려사절요』(상권), 민족문화추진회, 2004, pp.385~386.

3. 문종과 대장경

문종 12년(1058)에 선왕인 정종의 명복을 빌기 위하여 대장경을 만들었는데 어떠한 대장경인지는 알 수 없다. 자료가 없어서 내용에 대해서는 알 수 없지만, 문종이 교종의 승려들과 교류를 하여 대장경에 관심을 가졌음을 알 수 있다. 대장경을 새롭게 만든다는 것은 교종을 통해서만 가능하기 때문이다.

　문종 12년 병신(1058) 겨울 11월 경오일에 명령을 내려 정종靖宗의
　혼당魂堂에 있는 금, 은, 기명과 거란에서 조제弔祭 예물로 보내온
　비단으로 대장경을 만들어서 정종의 명복을 빌게 하였다.[66]

문종 13년에는 고려에 조례물이 풍족하게 보내온 것으로 보이는데, 여기에 비단이 있었다. 문종은 이 비단으로 대장경을 만들어 선대 왕인 정종의 명복을 빌었다고 한다. 그런데 이 대장경이 어떠한 내용인지는 기록을 통해서는 알 수 없다.

　문종 13년 병신(1059) 가을 8월 정해일에 명령을 내려 양경과
　동남 지방의 주·부·군·현들에서 한 집에 3명의 아들을 둔 자는
　그 중 한 명을 15세가 되면 머리를 깎고 승려가 되는 것을 허락하
　였다.[67]

---

66 박시형, 홍희유, 『북역 고려사』(제1책), 신서원, 1962, p.370.
67 김효탄 역주, 「고려사 불교관계사자료집 번역편」, 민족사, 2001, p.62.

한 집에 3명의 아들이 있는 집에서는 15세가 되면 한 명이 출가할 수 있도록 허락한 것은 팔관회를 통해서 백성들을 안정시키는 정책과 더불어 문종이 불교를 통한 통치 이념을 구체적으로 드러낸 사례에 해당한다. 또 문종은 제석천에 대하여도 기도를 했는데, 이 제석천 신앙은 화엄사상과 관련이 있다.

문종 14년 병신(1060) 2년 갑술년에 연등회를 열고 왕이 봉은사에 갔다.[68]

문종은 봄에는 연등회를 열고 겨울에는 팔관회를 개최하여 고려 사회의 불교화를 전개하였다. 이를 통해 고려 백성들은 일상적인 생활 속에 불교가 자연스럽게 녹아들어 생활불교를 영위했던 것으로 보인다.

문종 15년 병신(1061) 3월에 나계함羅繼含 등 20명과 명경 2명에게 급제를 주었다.[69]

일반인들에게 급제를 주었을 적에 흥왕사에서는 승과의 시험이 있었다.

문종 15년 병신(1061), 흥륜사에 가서 승과에 갑과로 급제하여

68 김효탄 역주, 「고려사 불교관계사자료집 번역편」, 민족사, 2001, p.62.
69 김종서, 『신편 고려사절요』(상권), 민족문화추진회, 2004, p.393.

대덕이 되었다.[70]

문종 15년에는 이자연의 아들이 홍륜사에서 실시하는 승과에 합격을 하였다. 이자연의 가문에서 법상종으로 출가를 하는 시기였고 법상종이야말로 문종 시대에 강력한 힘을 가졌다

문종 15년 병신(1061) 6월 계축일에 왕이 봉은사에 갔다가 고추 국자감國子監에 이르러 시종한 신하들에게 말하기를 "중니(仲尼: 공자의 자)는 모든 군왕들의 스승이니 어찌 존경하지 않을 수 있으랴"라고 하면서, 드디어 절을 두 번 하였다.[71]

문종이 공자의 사당에 들려 절을 두 번이나 했다는 것은 불교를 중시하면서도 유교를 통치이념으로 삼았음을 알 수 있는 대목이다.

문종 15년 병신(1061) 왕총지王寵之를 문하시중 팔상서이부사로, 김원정金元鼎을 문하시랑 동중서문하평장사로, 최유선을 중서시랑 동중서문하평장사 권이부상서사로, 이유충異惟忠을 참지정사로, 김원황金元晃을 충추원사로, 김의진金義珍을 좌선기상시 동지중추원사로, 김양지金良贄를 어사대부로 삼았다.[72]

---

70 토니노 푸지오니, 「고려시대 법상종교단의 추이」, 서울대학교 대학원 국사학과 문학박사학위논문, 1996.

71 박시형, 홍희유, 『북역 고려사』(제1책), 신서원, 1962, p.375.

72 김종서, 『신편 고려사절요』(상권), 민족문화추진회, 2004, p.393.

문종은 내각을 전면 개편하고 고려 백성들을 위하는 정책을 마련했는데, 이것은 문종 시기 고려가 정치적으로 발전하였음을 알려주는 것이기도 하다. 이러한 내각 개편을 통해 나라가 점차 정치적, 사회적으로 안정되기를 도모했던 것이다.

문종 16년 병신(1062) 8월 을유일에 왕이 흥왕사에 가서 다음과 같은 명령을 내렸다. "이 절은 오래 전부터 준비하여 오다가 거창한 건축 사업이 거의 완성되었다. 오늘 내가 공직을 평가하여 특전을 베풀려 하니, 마땅히 서울과 지방의 중죄인들의 형을 전부 낮추어 유형에 해당시키고 공사범인 도형과 민사범인 장형 이하는 이를 전부 용서할 것이며, 역사를 감독한 관리들에게는 일체 벼슬과 상을 주어야 한다."[73]

고려 문종은 흥왕사의 공사가 거의 끝날 무렵 죄수들에게 감형의 조치를 취하였다. 이는 불교의 발전을 통해 사회와 백성을 안정시키고 위무하고자 한 것으로 볼 수 있다.

문종 17년 병신(1063) 3월 병오일에 거란에서 대장경을 보내왔다. 왕이 의식을 갖추고 서쪽 교외에서 거란의 사절을 영접하였다.[74]

거란에서는 문종을 위하여 대장경을 보내왔는데 왕이 거란의 대장

---

73 박시형, 홍희유, 『북역 고려사』(제1책), 신서원, 1962, p.377.
74 박시형, 홍희유, 『북역 고려사』(제1책), 신서원, 1962, p.378.

경을 받으려고 사신을 영접했다고 한다. 고려에 전해진 거란 대장경을 통해서 거란에서도 불교가 상당히 발전하였음을 알 수 있다.

문종 17년 병신(1063) 겨울 10월에 송나라 상인 임령林寧 등이 와서 토산물을 바쳤다.[75]

문종 17년에는 송나라 상인들이 와서 토산물을 바치기도 하였다. 이러한 현상은 바로 고려의 국력이 거란과 송나라와의 관계에서 대등한 힘을 가지고 있었다는 것을 보여준다.

문종 18년 병신(1064) 3월 갑인일에 회경전에서 3일에 걸쳐 인왕도량을 차렸으며, 구정에서 승려 1만 명에게 음식을 공양하였다.[76]

문종 18년에는 인왕도량을 3일간 차리고 기도를 했는데, 『인왕경』은 『법화경』, 『금광명경金光明經』과 더불어 호국3부경護國三部經이라 불리는 경전이다. 따라서 인왕도량을 거행했다는 것은 고려불교가 호국불교적인 면모를 지니고 있었음을 알 수 있는 대목이다.

문종 18년 병신(1064) 3월에 명하였다. "지난해 홍수가 심하여 가을 농사가 손해를 입었다. 백성들을 생각하면서 급히 구휼해야 마땅하니, 태복정 민창소閔昌素는 이달부터 5월까지 개국사 남쪽

75 김종서, 『신편 고려사절요』(상권), 민족문화추진회, 2004, p.395.
76 박시형, 홍희유, 『북역 고려사』(제1책), 신서원, 1962, p.380.

에다 밥을 준비하여 궁한 백성에게 베풀어주도록 하라."[77]

흉년이 들어 굶주리는 백성들을 위해 개국사 남쪽에서 음식을 나누어주었다는 사실은, 당시 불교사찰이 백성을 위한 복지기능도 수행하고 있었다는 것을 증명하고 있다.

문종 18년 병신(1064) 여름 4월에 왕이 명하였다. "대운사는 선왕께 서 창건하시어 나라를 복되게 하신 것인데 그 절에 나누어준 공전의 땅이 메말라 조세 수입이 적어 재 지낼 때 쓰는 용품이 넉넉하지 못하니 좋은 밭 1백 경을 더 주어라."[78]

문종 18년에는 정종이 창건했던 대운사에 1백 경의 밭을 더 주었다 고 한다.

제2절 의천의 출가와 불교 공부

문종 19년(1065)이 되는 해는 고려가 불교의 최고 이상을 실현할 수 있는 토대를 마련했고, 문종은 백성들에게 아들 셋 가운데 하나를 출가시켜도 좋다는 허락을 내린 이후였다. 문종의 왕자가 셋 이상이기 에 문종도 백성들에게 했던 선언을 자신이 실천할 시기가 도래했음을 알았다.

77 김종서, 『신편 고려사절요』(상권), 민족문화추진회, 2004, pp.396-397.
78 김종서, 『신편 고려사절요』(상권), 민족문화추진회, 2004, p.397.

고려 문종 19년(1065) 2월 왕자 희熙를 책봉하여 수사공 겸상서령 계림후로 삼았다.[79]

고려불교는 신라의 불교를 전승한 면이 없지 않다. 고려불교의 역사성을 고찰한다면 신라의 불교, 다시 말해서 의상의 불교를 고려에서 그대로 전승했다는 것을 말해주고 있는데, 이것은 고려불교의 큰 줄기가 화엄사상이었음을 의미한다.

1. 의천의 출가득도

문종은 흥왕사를 창건하고는 백성들에게 아들이 3명 이상이면 한 명이 출가할 수 있도록 했는데, 이에 부응하기 위해 문종 자신이 직접 왕자를 출가시켜야 할 책임을 느끼고 있었다. 이러한 행을 실천하기 위하여 문종은 왕자들 중에서 출가할 것을 권유하였다.

고려 문종 19년(1065) 대각국사는 고려 문종의 넷째 왕자이니 모는 인예왕후 이씨이다. 성은 왕씨, 이름은 후, 자는 의천이니 송의 철종의 호를 피하여 자를 통용하고, 대각국사라는 것은 그의 익호이다 문종 19년 을미(1065) 9월 28일 궁중에서 탄생했는데 유시로부터 천성이 정민하고 성인의 도에서는 생이지지의 칭찬을 받았다.[80]

---

79 김종서, 『신편 고려사절요』(상권), 민족문화추진회, 2004, p.399.
80 조명기, 「대각국사와 천태사상」, 경서원, 1982, p.9.

대각국사 의천은 문종의 왕자로서 아버지인 왕의 권유에 의해 자진하여 승려가 되었던 것을 보여주고 있다.

고려 문종 19년(1065) 어느 날 형제들을 불러놓고 누가 출가하여 복전福田을 짓겠느냐 하니, 11세 된 국사가 곧 기립하여 출가의 뜻을 원하니 문종은 그의 19년(1065) 5월 14일 경덕국사景德國師[81] 를 내전에 불러서 삭발케 하고 경덕과 같이 영통사靈通寺에서 수업하게 하였다.[82]

의천은 문종의 넷째 아들로 태어나 출가의 길을 행하지 않아도 한평생 부귀영화를 누릴 수 있는 신분이었다. 하지만 의천 자신의 구도열정과 왕의 권유로 인해 고려시대에 가장 위대한 승려 중 한 사람인 의천이 탄생하게 된 것이다.

고려 문종 19년(1065) 5월 계유일에 왕이 경령전景靈殿에 나가서 왕사 난원爛圓을 불러놓고 왕자 후煦의 머리를 깎아 승려가 되게 하였다.[83]

---

81 화엄종 승려인 경덕국사景德國師 난원(爛圓, 999~1085)에게 출가하여 화엄종의 영통사에서 공부하였다.

82 이제창, 「大覺國師 義天의 天台宗 開立」(『한국천태사상』, 동국대학교 불교문화 연구원, 1997), p.173.

83 박시형, 홍희유, 『북역 고려사』(제1책), 신서원, 1962, p.386.

고려의 왕사이자 나중에 시호가 경덕국사景德國師인 난원은 화엄종의 승려이면서 당시 고려 최고의 고승이기도 하였다. 이러한 고승에게 넷째 왕자인 후가 출가하여 화엄 교관을 배웠던 것이다.

의천은 초기에 현수 교관을 중심으로 제종 학자들과 강학講學하고 계율종, 법상종, 열반종, 법성종, 원융종, 선적종을 수학했다고 한다. 그러나 이것은 의천의 출가 초기의 모습은 아니고 생애의 전반에 걸친 내용을 서술한 것으로 보인다. 의천의 초기 교학의 중심에는 현수 교관이 자리했는데, 현수 교관이라 함은 호가 현수인 법장의 사상만을 지칭하는 것이 아닌, 화엄종 전반을 의미한다.[84]

이렇게 출가하여 화엄학을 중심으로 불교를 깊이 공부한 의천은 송나라의 불교학을 연구하기 위하여 무수히 노력한 것 같다. 의천이 송나라의 불교학에 관심을 가질 수밖에 없었던 여러 이유가 있겠으나, 무엇보다 스승이 일찍 열반에 들어 의천의 정신적인 고갈을 채워주지 못한 것도 원인의 하나가 아닌가 한다.

2. 의천의 승통 직책

의천은 출가하여 불교학뿐만 아니라 일반 학문까지 학습하였다. 의천의 불교학에 대하여서는 뒤에 살펴보겠지만, 그에게는 이미 고려 최고의 이상을 실현할 수 있는 불교적 학식과 안목이 있음을 확인할 수 있다.

---

[84] 박용진, 「대각국사 의천 연구」, 국민대학교 대학원 사학과 문학박사학위논문, 2004, p.22.

고려 문종 19년(1065) 가을 7월에 봄, 여름이 지나도록 비가 흡족하
게 내리지 않다가, 이때에 와서 비가 많이 내렸다. 왕이 측근
신하들에게 명령하여 희우시喜雨詩를 짓게 하였다.[85]

문종 19년 봄과 여름에는 전국적으로 비가 많이 오지 않았던 모양이
다. 비가 오지 않으면 농사를 짓지 못하기에 국왕으로서는 매우 걱정이
아닐 수 없다. 그러다가 비가 오니 왕은 신하들에게 '비를 기뻐하는
시'를 짓게 하여 그 기쁨을 함께하였다.

고려 문종 19년(1065) 10월에는 불일사佛日寺에서 구족계具足戒를
받고 학문에 전심하여 대소승의 경율론 삼장과 장소章疏는 물론이
요, 유서, 사기 및 제자백가의 설에 이르기까지 박람했던 것이다.[86]

문종은 또한 의천을 화엄 계통에 출가하게 했는데, 곧 자신의 왕사였
던 난원에게 출가시킨 것이다. 이로서 의천은 고려 화엄종의 최고
고승에게 지도를 받게 된 것이다.

고려 문종 20년(1066) 3월 거란에서 다시 국호를 대요大遼라고
하였다.[87]

---

85 박시형, 홍희유, 『북역 고려사』(제1책), 신서원, 1962, p.386.
86 조명기, 「대각국사와 천태사상」, 경서원 1982, p.9.
87 박시형, 홍희유, 『북역 고려사』(제1책), 신서원, 1962, p.387.

의천이 출가하여 불교학을 학습하고 있던 1066년에는 거란이 국호를 변경하여 대요라고 하였다. 그리고 고려 왕사인 난원이 의천이 출가한 지 2년 만에 열반에 들었다. 의천은 스승의 열반으로 인하여 마음에 충격을 받았을 것이며, 스승이 없는 상태에서 혼자만의 힘으로 불교학을 공부하기 어려웠을 것이다. 이에 의천은 더욱더 송나라로 유학 갈 것을 생각하였으리라고 여겨진다.

고려 문종 20년(1066) 여름 4월 경인일에 경성에 지진이 있었다.[88]

문종 20년 4월에 경성에 지진이 있었다는 기록만 있고 피해 사실에 대하여서는 기록이 없다.

고려 문종 20년(1066) 9월 을축일에 왕이 왕륜사王輪寺에 갔다. 경진일에 왕이 묘통사妙通寺에 가서 마리지천도량摩利支天道場을 베풀었다.[89]

문종 시대는 비교적 정치적으로 안정기에 들어섰고 고려불교는 화엄학을 통해 신라의 불교사상을 그대로 전승하였다. 신라의 화엄학은 의상을 중심으로 발전하였고, 의상의 불교사상을 전승한 고려는 난원의 제자인 의천으로 하여금 그 대代를 잇게 하였다. 그러나 최고의 스승인 난원의 열반으로 인하여 의천은 스승 없이 불교학을 학습해야

---

88 김종서, 『신편 고려사절요』(상권), 민족문화추진회, 2004, p.400.
89 박시형, 홍희유, 『북역 고려사』(제1책), 신서원, 1962, p.388.

했다.

고려 문종 21년(1067) 봄 정월 초하루 경술일에 정초 축하 의식을
정지하였다.[90]

문종이 정초에 축하 의식을 중지했는데, 그 이유는 흥왕사 법당을
건립하고 있던 시기였으므로 중지했던 것이 아닌가 한다. 문종에게
있어서는 흥왕사를 창건하는 일이 더 큰 정치적인 힘이라고 생각했던
것 같다.

고려 문종 21년(1067) 봄 경신일에 흥왕사興王寺가 완성되었다.
이 절은 총 2천 8백 칸으로서 12년 만에 공사를 마친 것이었다.
왕이 재를 올림으로써 낙성식을 거행하려 하는데 각 지방으로부터
승려들이 모여들어 그 수가 헤아릴 수 없이 많았다. 병부상서
김양金陽과 우가승록右街僧錄 도원道元에게 명하여 계행이 있는
자 1천 명을 택하여 법회에 참여하게 하고 이어 늘 머물러 있도록
하였으며, 특히 5일 동안 밤낮으로 연등대회를 개설하였다. 칙령
으로 중앙의 모든 관청 및 안서도호부와 개성부, 광주, 수주(水州:
수원), 양주, 동주(東州: 철원), 수주(樹州: 부평)의 다섯 고을과
강화와 장단 두 현에게 명하여 대궐 뜰에서부터 절 문까지 채붕을
꾸민 것이 즐비하게 서로 뻗치게 하고, 왕의 연(수레)이 지나가는
길 좌우에는 또 등으로 산을 만들고 화수火樹를 만들어 대낮 같이

---

90 박시형, 홍희유, 『북역 고려사』(제1책), 신서원, 1962, p.388.

64

환하게 하였다. 이날 왕이 행렬을 갖추고 백관을 거느리고서 분향
하고 재물을 보시하니 불사의 성대함이 전에 없던 것이었다.[91]

문종은 고려불교를 위하여 온 힘을 기울이고 있었으므로 또한
의천에게 관심을 가지지 않을 수 없었다. 의천에게는 우세祐世라는
호를 문종이 직접 내리게 된다. 세상을 보우한다는 의미의 우세라는
호를 지어줌으로써 의천은 고려의 명실상부한 스승의 위치에 오르게
되었다.

고려 문종 21년(1067) 2월에 흥왕사가 낙성되었으므로 대사령을
내렸다.[92]

문종 21년 2월에는 흥왕사가 완성이 되면서 대사령을 내렸는데,
이것은 문종이 백성을 위하는 정책을 실시한 것이라 말하지 않을
수 없다.

고려 문종 21년(1067) 6월에 왕이 보살계菩薩戒를 받았다.[93]

문종이 보살계를 수지했다는 것은 그가 정치적인 최고 권력자일
뿐 아니라 불교의 가르침으로 나라를 통치하는 호법국왕으로서의

91 김종서, 『신편 고려사절요』(상권), 민족문화추진회, 2004, pp.401~402.
92 박시형, 홍희유, 『북역 고려사』(제1책), 신서원, 1962, p.389.
93 박시형, 홍희유, 『북역 고려사』(제1책), 신서원, 1962, p.389.

면모를 갖추게 된 것으로 볼 수 있다. 문종에게 있어 보살계의 덕목은
바로 국가의 존재를 바르게 지켜내야 할 의무로 다가왔을 것이다.
아울러 보살계를 수지하려면 왕이 청한 전국의 고승들이 다 참여를
해야 하기에 상당히 성대하게 치러진 행사였으리라 짐작된다.

1) 의천의 화엄사상

의천은 국가에서 실시하는 승과 시험을 거치지 않고 승려가 되었는데
이것은 극히 드문 일이었다. 고려시대는 승려가 되는 데 있어서 승과를
거치는 것이 상례였는데 의천은 승과를 거치지 않고 승려가 되었고,
또한 문종으로부터 우세라는 호를 받음으로써 고려의 지도자적인
승려로서의 역할을 하게 된다. 이와 함께 문종은 의천을 고려 최고의
승려 직책인 승통에 임명한다.

> 고려 문종 21년(1067) 7월에는 우세祐世라는 호號를 하사하고
> 승통僧統의 직을 수여授與하였다.[94]

의천은 물론 승과를 거치지 않고 곧바로 승려로서 최고의 지위인
승통이 되었다. 의천이 승통으로서의 지위를 얻었다는 것은 물론
문종의 의도였겠지만, 왕자의 신분으로 출가한 탓도 있었을 것이고,
의천이 그만큼 영민한 이유도 포함되었을 것이다.

---

[94] 조명기, 「대각국사와 천태사상」, 경서원, 1982, p.9.

고려 문종 21년(1067) 9월에 국사 해린海麟이 늙어 산중으로 돌아
가기를 청하므로 왕이 친히 현화사에서 전송하고 차, 약, 금,
은, 그릇, 비단, 보물을 내려주었다.[95]

해린 국사가 물러나겠다는 뜻을 보이자 문종은 해린 국사가 산중으
로 가는 것을 허락하였다. 한편 문종은 넷째 왕자가 출가하여 불교학을
학습하고 있음에 대하여 매우 흡족해하였다.

신라 불교를 계승한 고려의 불교는 대각국사가 출세함으로써
비로소 획기적 신 불교를 창설하여 면목을 일신하게 되었다. 즉
오교구산 전부가 신라조의 법계를 이어옴에 마침내 교파와 선파가
세력을 각축하게 되다가, 대각국사가 통일 이념의 견지에서 천태
종을 신창함으로써 불교합일의 사상이 전 불교계를 풍미하니
선종도 교리적으로 그의 천태교 관법에 섭수되고 종래의 대립적
항쟁은 해소되어 그의 화합의 사상과 실천이 나타나게 되었다.[96]

의천의 회통적인 불교사상은 교종을 중심으로 전개했다고 말할
수 있다. 의천으로 인해 선종에서도 선종에 맞는 이론을 제시하지
않으면 아니 되었다.

---

95 김종서, 『신편 고려사절요』(상권), 민족문화추진회, 2004, p.403.
96 조명기, 「대각국사의 천태의 사상과 속장의 업적」(『백성욱박사송수기념불교학
　　논문집』, 예문서원, 2002), p.45.

고려 문종 21년(1067) 겨울 12월 초하루 을사일에 요나라에서
영주寧州 관내 관찰사 호평胡平을 보내 왕의 생신을 축하하였다.[97]

문종 21년에는 요나라에서 사신을 보내오기도 했으며, 불교계에서
는 교종이 발전하고 선종은 산간에 있어 그 모습을 보이지 않았다.
선종의 바른 이론이 없으면 고려불교를 이끌 수 없다는 것을 선종
승려들은 자각하였다.

고려 문종 22년(1068) 봄 계사일에 흥왕사에 가서 경성회慶成會를
열고 이틀만에야 돌아왔다.[98]

문종은 흥왕사에 가서 경성회를 열었다고 하는데, 이것이 어떠한
법회인지는 알 수 없다. 이틀 만에 궁으로 돌아갔다는 것을 보면
법회의 규모가 매우 컸다는 것을 짐작할 수 있다. 한편 선종 승려들은
의천에 대해서는 비판적이었다. 문종은 의도적으로 의천을 화엄종에
출가시켰는데, 이는 화엄종 승려로 하여금 고려불교를 지키게 하려고
했음을 엿볼 수 있는 대목이기 때문이다.

고려 문종 22년(1068) 8월 정사일에 왕이 태자에게 명령하여 송나
라 진사 신수愼修, 진잠고陳潛古, 저원빈儲元賓 등을 불러서 옥촉정
에서 시부를 시험하게 하였다.[99]

---

97 김종서, 『신편 고려사절요』(상권), 민족문화추진회, 2004, p.403.
98 박시형, 홍희유, 『북역 고려사』(제1책), 신서원, 1962, p.390.

문종이 송나라 진사를 불러서 고려에서 시험을 치르게 했다는 기록은 아마도 송나라 사람들을 초청하여 고려인들의 시부 시험을 감독하게 했다는 기록일 것이라고 본다.

고려 문종 22년(1068) 9월에 수태수 중서령으로 치사致仕한 최충崔沖이 죽었다. 최충은 해주 대령군大寧郡 사람인데 풍채가 훌륭하고 성품과 행실이 곧고 굳으며 젊어서부터 학문을 좋아하고 글을 잘 지었다. 목종穆宗 조에 갑과 등으로 뽑혀서 5대의 조정을 거치면서 벼슬하였고 자질이 문무를 겸하여서 나아가서는 장수로, 돌아와서는 정승이 되었다가 나이 70세에 이르러서 물러나기를 청하니 왕이 그의 뜻을 어기기 어려워 특별히 윤허하였으나 군사상 큰일을 자문하였다. 여러 차례로 추중하니 찬도, 죄리, 동덕, 홍문, 의, 유, 보정, 강제라는 공신의 호칭을 더해주었다. 현종에 중흥한 뒤로 전쟁이 겨우 멈추었으나 문교文敎에 겨를이 없었는데, 최충이 후진들을 불러 모아 가르치기를 부지런히 하니 여러 학생들이 많이 모였다. 드디어 낙성樂聖, 대중大中, 성명誠明, 경업敬業, 조도造道, 솔성率性, 진덕進德, 대화大和, 대빙待聘이라는 9재齋로 나누었는데 시중최공도侍中崔公徒라 일렀으며, 무릇 과거를 보려는 자는 반드시 먼저 그 도徒에 들어가서 배웠다. 해마다 더운 철이면 귀법사歸法寺의 승방을 빌려 여름공부(夏課)[100]를 하며 도

---

99 김종서, 『신편 고려사절요』(상권), 민족문화추진회, 2004, p.405.

100 고려 때 선비들이 여름인 오뉴월에 시작하여 50일을 한정하고, 절에 들어가 고문古文, 고시古詩와 당송唐宋의 시를 공부하던 일.

가운데 급제한 자로 학문은 우수하면서 벼슬하지 않는 자를 골라
교도로 삼아 9경經과 3사史[101]를 가르치게 하였다.[102]

최충이 죽으니(문종 22년) 문종이 최충에게 각별한 예우를 하였다.
최충은 당시 '해동공자'라고 일컬어질 만큼 존중을 받던 인물이었다.
이렇게 본다면 문종으로서는 위인을 잃어버린 것이나 다름이 아니었
을 것이다.

고려 문종 23년(1069) 3월 기사일에 왕이 흥왕사에 가서 남쪽
산봉우리에 올라 계음禊飲[103]행사를 치르고 나서 상사(上巳: 3월
3일)일에 시를 친히 짓고 신하들로 하여금 화답시를 지어 바치게
하였다.[104]

---

101 9경은 유교의 아홉 가지 경전인데 『주역周易』·『좌전左傳』·『시경詩經』·『서경書
經』·『주례周禮』·『의례儀禮』·『공양전公羊傳』·『곡량전穀梁傳』·『예기禮記』를
들기도 하고, 또는 『주역』·『좌전』·『시경』·『서경』·『예기禮記』·『춘추春秋』·『
효경孝經』·『논어論語』·『맹자孟子』·『주례』를 들기도 한다. 그리고 3사史는 『사
기史記』·『한서漢書』·『후한서後漢書』를 말한다.

102 김종서, 『신편고려사절요』(상권), 민족문화추진회, 2004, pp.405~406.

103 삼월삼짇날을 말한다. 고려시대에는 9대 속절俗節의 하나였다. '삼월삼질'이라
고도 하며, 한자어로는 상사上巳, 원사元巳, 중삼重三 또는 상제上除라고도
쓴다. 또 답청절踏靑節이라고도 하는데, 이날 들판에 나가 꽃놀이를 하고 새
풀을 밟으며 봄을 즐기기 때문에 붙여진 이름이다. 한편 중국에서 계음은
청명절淸明節을 일컫는다. 청명절은 동지冬至 후 100일 되는 날로 조상의 묘를
참배하고 제사를 지내는 날이다.

104 박시형, 홍희유, 『북역 고려사』(제1책), 신서원, 1962, p.393.

문종은 흥왕사에 가서 시를 짓고 신하들에게도 시에 대한 화답시를 지으라고 하였다. 문종은 일상에서 불교적인 삶을 살았고, 정치도 백성을 위한 정치를 실천하려고 하였음을 알 수 있다.

고려 문종 23년(1069) 6월에 송나라 상인 양종성楊從盛 등이 와서 토산물을 바쳤다.[105]

송나라에서는 상인들이 와서 고려에 토산물을 바치는 행사를 자주 하였다. 이것은 송나라가 고려와 친교를 맺고 무역을 활발히 전개하려 는 일환으로 보인다. 그만큼 송나라에서도 고려의 위상을 높이 생각하 고 있었음을 말해준다.

고려 문종 23년(1069) 겨울 11월 정유일에 왕의 아우 평양공 기基가 죽었다.[106]

문종의 아우가 죽은 데 대한 더 이상의 자세한 기록은 없다. 물론 문종은 사찰에서 아우에 대한 추모 행사를 하였을 것으로 보인다. 이에 고려 불교계의 승려들이 집결하였을 것이며, 고려 최고의 직책인 승통을 맡고 있는 의천도 당연히 참석하였을 것이다.

고려 문종 24년(1070) 2월 기사일에 왕이 흥왕사에 가서 자씨전慈

---

105 김종서, 『신편 고려사절요』(상권), 민족문화추진회, 2004, p.407.
106 김종서, 『신편 고려사절요』(상권), 민족문화추진회, 2004, p.407.

氏殿이 새로 창건된 것과 관련하여 경성慶成대회를 열고 하룻밤이 지나서 돌아왔다.[107]

흥왕사에 자씨전이 새로 건축되었다는 것에서 문종이 미륵불에 대한 사상을 알고 있었던 것으로 생각할 수 있다. 자씨전은 미륵보살을 모신 전각이기 때문이다. 흥왕사는 문종이 직접 관리하고 있는 사찰이기에 미륵불에 대한 사상을 알고 명령했다고 보아야 한다. 흥왕사에는 의천도 참여하였을 것인데, 의천에 대한 기록이 보이지는 않았다.

고려 문종 24년(1070) 2월 계유일, 이날은 연등대회이므로 왕이 중광전中光殿에서 연회를 배설하고 태자와 여러 종친들 및 측근 신하들과 함께 놀다가 새벽이 되어서야 파하였다. 15일은 한식이요, 13일은 국기일(國忌日 : 왕실의 제삿날)이었기 때문에 이날 12일을 연등일로 정하였다.[108]

문종은 연등행사를 정기적으로 실시하고 팔관회를 거행하면서 불교적인 행사를 하였다. 이처럼 문종 시기에는 왕실의 주도로 불교행사가 빈번하게 개최되고 있었던 것이다.

2) 문종의 여섯째 왕자 규의 출가

문종은 24년에 여섯째 왕자인 왕탱王竀을 법상종의 고승인 혜덕왕사慧

---

107 박시형, 홍희유, 『북역 고려사』(제1책), 신서원, 1962, p.304.
108 박시형, 홍희유, 『북역 고려사』(제1책), 신서원, 1962, p.304.

德王師 소현韶顯이 주지로 있는 현화사玄化寺로 출가하게 했는데, 여기에는 문종의 정치적인 의도가 깔려 있음을 짐작할 수 있다. 소현이 당시 강력한 힘을 지니고 있는 권력자인 이자연의 아들이었기 때문이다. 당연히 현화사는 그 규모가 대단히 크고 방대하였다.

문종은 넷째 왕자인 의천을 화엄종에, 여섯째 왕자인 탱을 법상종 소속인 현화사에 출가하게 하였다. 이것은 바로 당시 불교계의 가장 큰 두 세력인 법상종과 화엄종을 아우르려고 했던 문종의 통치적인 전략으로 해석된다. 사실 이 시기 법상종은 이자연의 가문을 지탱하기 위한 수단과 방편으로 작용한 점이 많았다.

고려 문종 24년(1070) 5월 임인일에 왕이 왕자 탱竀을 현화사로 보내 머리를 깎고 승려[109]가 되게 하였다.[110]

문종은 왕자들에게 출가를 허락한 이후에 여섯 번째 아들 탱 왕자를 출가시켰다. 그는 왕자를 출가시키는 데 있어 불교계를 통한 정치적인 통치를 염두에 두고 출가시킨 것으로 보인다.

고려 문종 24년(1070) 6월에 흥왕사에 성을 쌓았다.[111]

---

[109] 문종의 여섯 번째 아들 탱竀은 현화사 주지 소현의 제자로 출가하여 도생승통導生僧統으로 불렸으며 현화사에 주하였다.

[110] 박시형, 홍희유, 『북역 고려사』(제1책), 신서원, 1962, p.304.

[111] 김종서, 『신편 고려사절요』(상권), 민족문화추진회, 2004, p.407.

흥왕사에 성을 쌓았다는 것에서 흥왕사가 얼마나 큰 사찰인가를 짐작해볼 수 있다. 흥왕사는 국가의 이름으로 12년이나 걸려 건립된, 고려 최고의 사찰이자 정치적인 상징을 지닌 도량이었다.

고려 문종 24년(1070) 겨울 10월에 왕이 현화사에 갔다.[112]

문종이 현화사에 간 것은 자신의 여섯째 왕자가 승려가 되었다는 것을 알리기 위함이기도 하다.

고려 문종 25년(1071) 2월 신미일에 연등회를 열고 왕이 봉은사에 갔다.[113]

문종이 봉은사에 가는 것은, 봉은사가 태조 왕건의 진영이 있는 사찰이기에 정기적으로 참배를 해야 했을 것이다.

고려 문종 25년(1071) 무인일에 왕이 연등회를 특별히 열고 정령전에 참배하였다.[114]

문종은 연등회를 열고 연등회에 참여하였다. 문종에게는 사찰을 참배하는 일도 일상적인 직무 중 하나였다.

---

112 박시형, 홍희유, 『북역 고려사』(제1책), 신서원, 1962, p.305.
113 박시형, 홍희유, 『북역 고려사』(제1책), 신서원, 1962, p.306.
114 박시형, 홍희유, 『북역 고려사』(제1책), 신서원, 1962, p.306.

고려 문종 25년(1071) 11월 을미일에 왕이 팔관회를 열고 법왕사法
王寺에 갔다.[115]

법왕사는 황성 안에 세워진 사찰로 팔관회뿐 아니라 궁중연회나
재회 등이 펼쳐지던 문화공간이었다. 특히 송나라와 동여진, 서여진,
말갈, 대식국 등 외국사절들이 와서 경축인사도 하고 연주도 하던
국제문화교류 행사장으로서의 역할도 담당하였다. 그것은 고려의
국격國格과 고려불교의 위상을 높이는 계기가 되었다.

고려 문종 26년(1072) 봄 정사일에 왕이 흥왕사에 갔다.[116]

문종은 일상생활에서 부처님을 친근하는 행보를 많이 했는데, 그는
스스로 불교의 법왕이라는 생각을 했던 것 같다. 특히 고려 최대
사찰인 흥왕사를 창건한 이후에는 전륜성왕으로서의 면모를 스스로
인식하고 있었던 것으로 보인다.

고려 문종 26년(1072) 6월에 송나라가 의관醫官 왕유王愉·서선徐先
을 보내왔다. 김제金悌가 송나라에서 돌아왔는데 황제가 왕에게
의대와 비단·은그릇 등 물품을 내려주었다.[117]

115 박시형, 홍희유, 『북역 고려사』(제1책), 신서원, 1962, p.397.
116 박시형, 홍희유, 『북역 고려사』(제1책), 신서원, 1962, p.399.
117 김종서, 『신편 고려사절요』(상권), 민족문화추진회, 2004, p.410.

송나라 황제가 고려 문종에게 선물을 보내왔다. 이는 문종의 정치력과 고려의 위상이 국제적으로 인정을 받고 있었던 것을 말해준다. 물론 요나라에서도 문종에게 협력을 구하기도 하였다.

제3절 문종 후기의 정치상황과 불교

문종의 정치력이 요나라와 송나라에까지 영향력을 미치고 있었던 것에 비해 고려 내부에서는 불만 세력이 발동하여 모반 사건이 발생했는데, 이것은 국내적으로 정치력에 있어 힘의 공백이 오는 현상이었다. 문종 26년에 모반은 성공을 거두지 못하고 사전에 발각되었다. 문종으로서는 충격적일 수밖에 없었을 것이다.

고려 문종 26년(1072) 가을 7월에 병사 장선張善이 고변하기를 "교위校尉 거신巨身이 그 도당 천여 명과 더불어 왕을 폐위시키고 왕제王弟인 평양공平壤公 기基를 세우려 꾀하고 있습니다" 하니, 명하여 잡아다가 거신은 처형하고 그 가족도 모두 죽이며, 기는 이미 죽었으므로 기의 아들 진璡은 남해현(南海縣: 경남 사천군)에, 정珵은 안동부(安東府: 경북 경주)에 귀양 보냈다가 얼마 뒤에 모두 죽였고, 막내아들 영瑛은 어리므로 죽음을 면하였다. 장선을 발탁하여 장군으로 삼고, 선의 형제와 자손에게도 각각 벼슬 1급을 내려주었다. 윤달에 평장사 왕무숭을 안동부에, 장녕궁주長寧宮主 이씨와 수안택주遂安宅主 이씨는 곡주(谷州: 황해도 곡산)에 내쳤는데, 역시 거신의 역모에 관련된 때문이었다.[118]

문종 26년에는 문종을 폐위하려는 움직임이 있었는데, 역모에
가담한 세력들을 철저하게 색출하여 주모자들은 단호하게 처형하였
다. 정치에 있어서 자비스런 문종도 역모에 대해서는 매우 강력하게
대처한 것이다.

고려 문종 26년(1072) 겨울 11월 초하루 병오일에 요나라에서
영주永州자사 야율직耶律直을 보내어 3년에 1차례 예방하는 의례
를 치루었다.[119]

문종 대에는 요나라에서 영주자사를 정기적으로 보내 예를 올렸는
데, 이처럼 요나라가 고려에 관심을 보이는 것은 고려가 당시 국제적으
로 중심에 섰음을 반증한다.

고려 문종 27년(1073) 2월 정유일에 왕이 봉은사에 가서 연등회를
특별히 열고 새로 만든 불상을 찬송하였다. 이때에 가로에는 이틀
밤에 걸쳐서 각각 3만 개의 등불을 밝혔으며 중광전과 각 관아에는
모두 채단으로 장식한 다락과 등불 산을 장치하고 풍악을 잡
혔다.[120]

문종 27년에 연등회에서는 특별한 행사를 했던 것 같다. 등불을

118 김종서, 『신편 고려사절요』(상권), 민족문화추진회, 2004, p.411.
119 박시형, 홍희유, 『북역 고려사』(제1책), 신서원, 1962, p.403.
120 박시형, 홍희유, 『북역 고려사』(제1책), 신서원, 1962, p.404.

켰는데 등불의 수가 3만 개라고 말하고 있다. 3만 개라면 온 산이 등불로 장식되었다고 말할 수 있는데, 그만큼 문종이 연등회를 성대하게 열었다는 것을 말해준다.

고려 문종 27년(1073) 3월에 홍화사弘化寺에 행차했다가 드디어 현화사玄化寺에 가서 봉래정蓬萊亭에 술자리를 벌이고 한밤에야 돌아왔다.[121]

문종은 홍화사와 현화사에 갔는데, 현화사는 문종의 여섯째 왕자인 탱이 출가하여 수행하고 있고, 권력자인 이자연의 아들 소현이 주석하고 있는 사찰이다. 즉 고려에서 가장 정치력이 있는 사찰이라고 말할 수 있다.

고려 문종 27년(1073) 여름 4월 귀산사龜山寺에 행차했다가 드디어 귀대龜臺에서 술자리를 벌였는데 태자와 여러 왕씨, 재추가 함께 모시고 잔치를 하고는 밤중에야 돌아왔다.[122]

문종이 사찰을 순행하는 것은 일종의 정치였다. 문종이 실천해야 할 불교적 과제는 종파를 발전시키는 일인데, 그 토대를 제대로 마련하지 못한 것 같은 생각이 든다. 절 근방의 귀대란 정자에서 술자리를 하고 돌아왔다는 기사가 이를 말해준다.

---

121 김종서, 『신편 고려사절요』(상권), 민족문화추진회, 2004, p.412.
122 김종서, 『신편 고려사절요』(상권), 민족문화추진회, 2004, p.413.

고려 문종 27년(1073) 6월 갑술일에 왕이 봉은사奉恩寺[123]에 갔다. 무인일에 동북면 병마사가 아뢰기를 "삼산三山, 대란大蘭, 지즐支 櫛 등 9개 촌락 및 소을포촌所乙浦村의 번장蕃長, 염한鹽漢과 소지즐 의 전리前里 번 아반이阿反伊와 대지즐 라기나羅基那, 온안烏安 무이주撫夷州 골아이骨阿伊, 번장 소은두所隱豆 등 1천 2백 38호가 와서 국적에 들기를 청합니다. 대지즐로부터 소지즐 요응포廖應浦 해변까지의 장성長城이 약 7백 리에 달하며 지금 번인들이 연약부 질하게(줄을 이어) 귀순하여 오고 있사오니 관방關防을 설치하여 그들을 막아서는 안 됩니다. 해당 관리로 하여금 정부의 지시에 의하여 주州의 명칭을 정하게 하는 동시에 주기朱記를 주시기를 바랍니다"라고 하니, 왕이 이 제의를 좇았다.[124]

문종 27년경에는 변방에서 많은 부족들이 고려에 귀순하여 왔는데, 이것은 발해지역에 있던 백성들이 고려에 귀순한 것으로 보인다. 발해지역의 백성들이 귀순한다는 것은 그들이 요나라의 지시를 받지 않고 같은 민족인 고려의 백성으로 살고자 함일 것이다.

---

123 여기서 봉은사는 서울 강남에 있는 봉은사가 아니라 현재의 개성시 태평동에 있던 사찰을 말한다. 고려 광종 2년(951)에 태조 왕건의 원당願堂으로 건립된 사찰이다. '대봉은사'라고도 한다.

124 박시형, 홍희유, 『북역 고려사』(제1책), 신서원, 1962, pp.407~408.

1. 고려에 일본이 조공하다

당시 고려 북방의 주변국들과는 왕래가 활발했는데, 이번에는 특별히 일본 백성들이 고려에 토산물을 바친다는 전갈이 와서 문종이 이들을 영접하였다.

> 고려 문종 27년(1073) 7월에 동남해도부서東南海都部署가 아뢰기를 "일본 사람 왕칙정王則貞・송영년松永年 등 42명이 와서 토산물 진상하기를 청하고, 일기도(壹岐島: 큐슈 나가사키 근방)의 구당관勾當官은 등정藤井・안국安國 등 33명을 보내어 역시 토산물 바치기를 청합니다" 하니, 왕이 허락하여 바닷길로 서울(개경)에 오도록 하였다.[125]

일본 사람들이 고려에 입국하기를 청했다는 것은 바로 고려에 조공과 무역을 하려는 것이 아닌가 한다. 다시 말해 일본인들이 고려와 교류하고자 한 것이라 할 수 있다.

> 고려 문종 27년(1073) 11월 신해일에 팔관회를 열고 왕이 신봉루神鳳樓에 나가서 풍악을 구경하였다. 이튿날 연등 대회에는 송宋, 흑수, 탐라, 일본 등 여러 나라 사람들이 제각기 예물과 명마를 바쳤다.[126]

---

125 김종서, 『신편 고려사절요』(상권), 민족문화추진회, 2004, p.414.
126 박시형, 홍희유, 『북역 고려사』(제1책), 신서원, 1962, p.410.

문종 28년 팔관회에는 송나라, 흑수, 탐라, 일본 등에서 와서 특산물
을 바치는 행사를 하였다. 이는 팔관회가 단순히 불교의식만 담당한
것이 아니라 외교적인 행사로도 활용되었음을 말해준다.

> 고려 문종 28년(1074) 봄 2월에 일본국의 선두船頭인 중리重利
> 등 39명이 와서 토산물을 바쳤다.[127]

이는 표면상으로는 일본의 선주船主들이 고려에 토산물을 바친
기사이지만, 일본이 고려의 정치적인 정황을 탐지하려고 온 것이라고
볼 수도 있다. 또한 역으로 문종은 이들 일본 선주들을 통해서 일본의
상황에 대하여 알고자 했을 것이다.

> 고려 문종 28년(1074) 가을 7월 경자일에 문두루도량文豆婁道場을
> 동경(東京: 경주) 사천왕사四天王寺에 설치하고 27일간에 걸쳐
> 번병蕃兵의 침입을 방지하도록 하였다.[128]

문두루도량은 문두루비법文豆婁秘法을 행하는 법회를 말하는데
사천왕 신앙과 매우 밀접한 관련이 있다. 호국불교의 대표적 경전인
『금광명경』 '사천왕품'에 문두루비법이 나오기 때문이다. 문두루도량
이란 다른 말로 사천왕도량이라고도 하는데, 사천왕을 본존으로 하는
기도법회로서 사천왕의 보호를 받아 적군을 물리친다는 진병도량鎭兵

127 김종서, 『신편 고려사절요』(상권), 민족문화추진회, 2004, p.415.
128 박시형, 홍희유, 『북역 고려사』(제1책), 신서원, 1962, p.411.

道場을 말한다. 이때 사용하는 의식을 문두루비법이라 한다. 이는 무엇보다도 진언과 주술을 동원한 밀교 성향이 짙다. 우리나라에서 문두루도량은 신라 제30대 왕인 문무왕(文武王, 661~681 재위) 때 당나라 군대의 침입을 막기 위해 명랑법사가 경주에 사천왕사를 세우고 문두루도량을 개설한 기록이 『삼국유사』에 전한다. 문종 28년에 설치한 문두루도량은 바로 명랑법사가 세운 사천왕사를 고려 조정의 이름으로 다시 세운 것이다.

고려 문종 29년(1075) 윤 4월 병신일에 일본 상인 대강大江 등 18명이 와서 토산물을 바쳤다.[129]

일본 상인들이 고려에 와서 일본의 토산물을 진상했다는 것은, 일본이 고려와 무역거래를 하고 싶다는 내심을 보인 것이라 할 수 있다.

고려 문종 29년(1075) 5월에 태사(太史: 여기서는 음양을 맡은 벼슬) 가 아뢰기를 "봄부터 여름까지 대단한 가뭄으로 비가 오지 않아 농사를 그르칠까 두려우니, 구릉과 천독川瀆의 천신에게 기도하소 서" 하니, 재가하였다.[130]

문종 29년에 가뭄이 들어 전 국토에 농작물을 심을 수가 없었던

129 박시형, 홍희유, 『북역 고려사』(제1책), 신서원, 1962, p.412.
130 김종서, 『신편 고려사절요』(상권), 민족문화추진회, 2004, p.416.

것인지 하늘에 비를 내리기 위한 기도를 하였다. 구릉과 천독은 산과 강의 신령들로서, 문종은 비록 불교를 중심으로 한 행사를 주로 거행했지만 민간의 토속신앙인 산천의 신령들에게도 왕의 이름으로 기도함으로써 가뭄에 시달리는 백성들을 위무하였다.

고려 문종 29년(1075) 6월 경오일 일본 상인 59명이 우리나라에 왔다.[131]

일본 상인들이 고려에 자주 오는 것에 대하여 깊이 성찰해야 하였다. 그런데 당시 고려에서는 일본 상인들, 나아가 일본에 대한 구체적인 분석과 연구에 그다지 신경을 쓰지 않았던 것 같다. 이들 중 상당수가 나중에 왜구로 돌변해 고려에 심각한 타격을 입힌다는 사실을 그 당시에는 크게 인지하지 못했던 것으로 보인다.

고려 문종 30년(1076) 겨울 10월에 무술일에 해당 관리가 왕에게 아뢰기를 "일본국에서 승려와 속인俗人 25명이 영광군靈光郡에 도착하여 고하기를 '국왕의 장수를 축원하기 위하여 불상을 새겨 만들었으니, 서울에 가서 바치기를 청한다' 합니다" 하니, 허락하였다.[132]

일본국의 승려가 영광군에 도착하여 문종의 장수를 기원하기 위하

---

131 박시형, 홍희유, 『북역 고려사』(제1책), 신서원, 1962, p.412.
132 박시형, 홍희유, 『북역 고려사』(제1책), 신서원, 1962, p.415.

여 불상을 조성하였고, 문종에게 불상을 바칠 것을 청하니 문종이
일본국의 승려들을 영접하는 조치를 취하였다.

2. 문종 31년 의천의 『화엄경』 강의

문종 31년이 되는 해 의천은 23세가 되었다. 이 해에 의천은『화엄경』
강의를 하였다. 의천이 『화엄경』을 강의했다는 사실은, 그가 이제
불교 교학에 대한 학습을 마친 상태였다는 의미가 된다.

> 당시 의천에 의하여 주도된 교종 중심의 불교는 왕실과 문신귀족에
> 기반을 둔 것으로 새로운 정신적 지도이념이 요구되었다. 선종의
> 가풍은 비교적 무신과 그 성격상 호흡이 상통했으며 무신정권
> 또한 새로운 지도이념을 요구했으므로 선종의 대두는 고려 후반기
> 정치적 상황과 밀접한 관계를 가지게 되었다.[133]

문종 31년(1077년), 의천의 나이 23세 때에는 여러 경론, 특히
『화엄경』을 강의하였다. 『화엄경』을 강의하기 위해서는 당시 송나라
의 화엄사상에 대한 이해가 필요하지 않을 수 없었을 것이다. 그래서
의천은 송나라 화엄종의 고승인 진수정원 법사[134]에게 편지를 보내기

---

133 권기종, 「고려후기의 선사상 연구」, 동국대학교 대학원 박사학위 논문, 1986,
   pp.6~7.

134 진수정원(晉水淨源, 1011~1088)은 북송 초기 화엄학의 대가로, 자는 백장伯長
   이고 속성은 진강양씨晉江楊氏이다. 천주泉洲의 진수(晉水: 현 복건성 泉洲府

도 하였다.

의천은 당시 송나라의 대표적인 학승은 진수정원 법사라는 소문을
듣고 먼저 그에게 서신書信을 보내어 송나라에 건너갈 의사를
표하여 유학 절차를 문의하였고, 아울러 양국 불교계의 소식을
서로 교환하였다. 또한 부왕父王인 문종에게 표表를 올려 옛날
원광圓光, 의상義湘 등이 중국에 건너 구법求法하던 사례를 들고,
또한 정원 법사로부터 받은 회신回信, 즉 자신도 송에 건너오라는
간곡한 청장請狀을 인용하여 송에 구법유학을 떠나겠다는 소망의
결의를 밝혔다.[135]

문종은 의천이 그토록 갈망한 송나라 유학을 허락하지 않았다.
문종은 의천의 구법에 대하여 반대를 했는데, 그 이유는 정치적인
것이었다. 즉 당시 고려와 요나라 두 국가 간의 군신관계 때문에
의천을 송나라에 유학승으로 보낼 수가 없었던 것이다. 이렇게 의천의
송나라 구법 욕망은 충족되지 못하였다.

의천 당시의 고려의 국제적 관계는 미묘한 입장이었다. 고려 초

晉江縣) 출신이므로 진수라 한다. 항주 남산 혜인사慧因寺에 법주로 있었다.
나중에 의천이 송나라에 유학하자 정원은 혜인사에서 그에게 화엄과 천태를
가르쳤으며 서로 불교전적을 주고받았다. 이에 따라 항주 혜인사는 나중에
고려사로 불리게 된다.
[135] 『의천 대각국사』, 대한불교천태종 총무원, 2001, p.11.

전기에는 통치제도가 완성되었을 뿐만 아니라 국제상으로는 대륙
의 3차 침입을 막아냄으로써 대륙을 일원화하려는 요의 남하를
견제하였고 삼원화된 세력균형이 원의 통일에 이르기까지 지속되
고 있었다.[136]

고려는 의상 계보인 화엄종 승려들이 국가권력에 편승하였다. 화엄
종 승려들이 고려를 지도하고 있었으며 고려 초기에 이미 원효의
불교사상은 소멸되었다. 문종이 의천으로 하여금 화엄학 연구에 전념
하도록 했던 것은, 당시의 고려 왕실이 화엄종의 존재감을 부인할
수 없었기 때문인 것으로 보인다.

고려 문종 31년(1077) 8월에 나주도제고사대부소경羅州道祭告使
大府少卿 이당감李唐鑑이 아뢰기를 "중국 사신이 왕래할 때에 이용
하는 고만도(高巒島: 충남 보령)의 정자는 항구가 약간 멀고 배를
대기가 불편하오니 홍주洪州 관내인 정해현(貞海縣: 충남 서산군
해미면) 지구에 정자를 하나 새로 지어서 사절들을 보내고 맞아들
이는 장소로 하시기를 바랍니다"라고 하니, 왕이 이를 승인하였으
며 새로 지은 정자를 안흥정安興亭이라고 하였다.[137]

고려는 송나라와의 교류에 적극적이었던 같다. 문종 31년에 지어진
안흥정은 송나라의 상인들과 고려의 상인들이 서로 만나는 장소이기

---

136 강남식, 「고려 천태사상사의 연구」, 원광대학교대학원 불교학과, 2001, p.73.
137 박시형, 홍희유, 『북역 고려사』(제1책), 신서원, 1962, p.416.

도 하였다.

고려 문종 31년(1077) 겨울 11월에 정유산鄭惟産을 판상서예부사
로, 김행경金行瓊을 판상서병부사로, 문정文正을 참지정사 겸 서경
유수사로, 최유길崔惟吉을 수사공판삼사사로 삼았다.[138]

문종은 내부적인 인사를 단행하여 31년의 정치를 마감하는 결단을
내리고 새로운 정책을 마련하고자 하였다.

3. 문종의 고려 통치방식

문종은 일찍이 송나라와의 관계를 정상화하는 정책을 폈으며, 문종
32년에는 송에서 고려에 사신을 보내왔다. 문종이 송과의 관계를
새롭게 한 이유는 송나라 및 요나라와의 힘의 균형관계를 통해 고려의
이익을 도모하기 위해서였다. 문종 집권 32년 동안은 전쟁이 없었던
시기였으므로 백성들은 처음으로 태평성대를 누릴 수 있었다.

고려 문종 32년(1078) 4월 여름 송나라 황제의 생일에 축수하는
재齋를 동림사東林寺와 대운사大雲寺 두 절에 베풀었다.[139]

문종은 송나라의 황제 원풍제元豊帝의 생일을 맞아 동림사와 대운

---

138 박시형, 홍희유, 『북역 고려사』(제1책), 신서원, 1962, p.417.
139 김종서, 『신편 고려사절요』(상권), 민족문화추진회, 2004, p.420.

사에서 축하하는 재를 올려 송 황제를 칭양했는데, 이 역시 송과의
순탄한 외교관계를 유지하기 위해서였다.

> 고려 문종 32년(1078) 4월 신미일 송나라 명주明州 교련사敎練使
> 고윤공顧允恭이 통첩을 가지고 와서 황제가 사신을 보내서 통신하
> 려 한다는 뜻을 알리니, 왕이 이르기를 "송나라에서 우리에게
> 사신을 파견할 줄을 어찌 생각이나 하였으랴. 나는 한편 기쁘기도
> 하고 한편 놀랍기도 하다. 접대를 담당하는 모든 관원은 각각
> 직책을 다하여 실수가 없게 하라. 열성과 재능을 발휘한 자에게는
> 벼슬을 높여줄 것이요, 태만하고 용렬하여 과실을 범한 자에게는
> 별도로 강직 또는 파직을 적용한다" 하였다.[140]

 문종이 송나라 사신을 반갑게 맞이한 것은 송과의 관계를 새롭게
하려는 의도적인 면이 있었다. 요나라와의 교류에 대해서는 일종의
견제를 하고, 송과는 보다 적극적인 외교정책을 발휘하려고 한 것
이다.

> 고려 문종 32년(1078) 6월 송나라가 좌간의대부 안도安燾와 기거사
> 인起居舍人 진목陳睦을 보내 조서를 가지고 와서 왕에게 의대와
> 안마·비단·악기·금은 그릇을 내려주었다. 왕이 조서를 맞이하여
> 예를 마치고 좌우에게 이르기를 "황제 폐하께서 소국을 버리지
> 아니하고 멀리 사신을 보내서 특별히 후한 은혜를 보여 주실

---

140 박시형, 홍희유, 『북역 고려사』(제1책), 신서원, 1962, p.417.

줄 어찌 알았으랴. 영광과 감격이 비록 지극하나 두렵고 부끄러움
이 실상 많도다" 하였다. 태자가 뭇 신하를 거느리고 진하를 올렸으
며 동경·서경과 동북 양계 병마사, 8목과 4도호부 또한 표를
올려 축하하였다. 태자에게 명하여 사신을 접대하는 잔치를 건덕
전에서 베풀었다.[141]

송나라와의 단교 이후 80여 년 만에 사신이 오게 되었다는 것은
정치적으로 외교의 복원이라고 말할 수 있다. 그동안 송나라와 친교를
했던 세력들은 문종에게 충성을 다하지 않을 수 없었다.

고려 문종 32년(1078) 가을 7월 을미일에 안도安燾 등이 본국으로
돌아갔다. 왕이 돌아가는 사절을 통하여 글월로써 감사의 뜻을
표하는 동시에 자기가 풍비증風痺症으로 앓고 있음을 말하고 의사
와 약재를 보내달라고 하였다. 이때에 송나라와의 연계를 오랫동
안 끊고 지내다가 안도 등이 처음으로 왔는지라, 왕을 비롯하여
전국이 경사를 만난 듯이 기뻐하였다. 송나라에서 전례에 따라
선사한 의복, 말안장 등을 제외하고 금은보화와 미곡米穀 기타
이러저러한 물품을 준 것이 헤아릴 수 없었다. 사절이 돌아가려
할 때에 배에 다 싣지를 못하여 자기들이 받은 물품들을 은銀으로
바꾸어 달라고 하니 왕이 해당 관리에게 명령하여 그들의 요청을
들어주게 하였다. 송나라 사신 안도, 진목들은 성품이 탐욕스럽고
인색하여 매일 공급받는 반찬값을 떼어서 줄여서 값을 깎아 은을

---

141 김종서, 『신편고려사절요』(상권), 민족문화추진회, 2004, pp.420~421.

바꾼 것이 굉장히 많았다. 이에 대하여 당시 사람들이 말하기를 "여단(呂端: 중국 송 태종 때 사람)이 사신으로 왔다가 돌아간 뒤로 중국 사신을 보지 못한 지가 오래이므로 이번에 그들이 온다는 말을 듣고 고상한 풍모를 보려고 기대하였더니 그들이 하는 짓이 이러한 줄은 몰랐다"고 하였다.[142]

고려 백성들은 오랜만에 오는 송나라 사신이 오가는 모습을 보기 위하여 거리에 나와 지켜보았다.

고려 문종 32년(1078) 7월 홍왕사에 금탑金塔이 완성되었다. 은으로 안을 만들고 금을 겉으로 했는데 은이 4백 27근, 금이 1백 44근이 들었다.[143]

문종이 창건한 홍왕사에 금탑이 완성되었다. 물론 이러한 웅대한 금탑을 찬양할 수도 있겠지만, 실제 고려에 그러한 탑을 세울 수 있는 여력이 있었던가를 한번 생각해보아야 한다.

고려 문종 33년(1079) 5월 무진일 북번의 적들이 평로진(平虜鎭: 평남 영유. 현 평원군 평원)의 관문에 침입하였다. 이때 대정隊正 강금康金, 종보從甫 등이 풀숲 속에 잠입하여 적들이 오기를 대기하고 있다가 적의 선봉 두 놈을 쏘아 눕히니 적들이 패배를 당하고

---

142 박시형, 홍희유, 『북역 고려사』(제1책), 신서원, 1962, p.422.
143 김종서, 『신편 고려사절요』(상권), 민족문화추진회, 2004, p.421.

달아났다. 이에 대하여 병마사가 그들의 공로를 평정하여 상을 주자고 제의하니, 왕이 이 말을 좇았다.[144]

북번이라는 나라가 고려 변방에 있었는데, 이 북번의 군사들이 고려를 침략하므로 그들을 물리쳤다는 성과를 문종에게 보고하니, 상을 주라는 문종의 명령을 기록하였다.

고려 문종 33년(1079) 가을 7월에 송나라가 합문통사사인 왕순봉 王舜封과 한림의관翰林醫官 형조邢慥·주도능朱道能·심신沈紳·소 화급邵化及 등 88명을 보내 조서를 가지고 왔으며 약재를 내려주 었다.[145]

문종이 송나라 사신에게 부탁했던 약재가 도착했는데, 송나라에서 고려에 많은 수의 사신을 보냈다는 것을 볼 때 송과 고려의 교류가 활달했음을 짐작할 수 있다.

고려 문종 33년(1079) 겨울 11월 기사일에 일본 상인 등원藤原 등이 와서 법라法螺 30매와 해조海藻 3백 속束을 홍왕사에 시주하고 왕의 장수를 축원하였다.[146]

---

144 박시형, 홍희유, 『북역 고려사』(제1책), 신서원, 1962, p.424.
145 김종서, 『신편 고려사절요』(상권), 민족문화추진회, 2004, p.422.
146 박시형, 홍희유, 『북역 고려사』(제1책), 신서원, 1962, p.427.

일본 상인들이 흥왕사에서 문종의 장수를 발원하는 기도를 하였다
고 하는데, 이들은 거의 고려의 정세를 살피려고 온 자들이라고 보면
된다. 일본은 고려에 대한 연구를 지속적으로 행하였다. 고려가 일본
을 연구하고 요나라, 송나라의 역사를 연구했다면 동북아에서 좀
더 확고한 지위를 지닐 수 있었을 것이다.

고려 문종 34년(1080) 봄 2월에 명하였다. "고 문하시중 왕총지王寵
之와 예부상서 중추사 정배걸鄭倍傑은 모두 충성스럽고 곧기가
짝이 없으며 재주와 식견이 뛰어났으니, 시대가 비록 오래되었으
나 내 어찌 잊으리오. 남다른 은총을 내려서 과인의 어진 이를
사모하는 뜻을 밝혀야 하겠으니, 총지에게는 수태사중서령을,
배걸에게는 수태위문하시중광유후守太尉門下侍中光儒侯를 추증
하라.[147]

문종은 국가에 충성을 다하는 이들에게 후한 상을 주었는데, 문종
대는 정치적으로 안정된 시기였으므로 문종은 정치계에서뿐만 아니
라 불교계에서도 자비스런 왕으로 칭송받았다.

고려 문종 34년(1080) 3월 임신일에 형부에서 아뢰기를 "호부에서
흥왕사의 토지를 마음대로 떼어서 만령전萬齡殿에 주었사오니
그에 대한 죄를 주시기 바랍니다"라고 하였다. 왕이 명령을 내려
호부 관리들의 벼슬을 삭탈하여 시골로 추방하게 하였다.[148]

---

147 김종서, 『신편 고려사절요』(상권), 민족문화추진회, 2004, p.423.

흥왕사의 토지는 광대하여 아주 넓은 토지를 소유하고 있었다. 형부에서는 호부가 이러한 흥왕사의 토지를 떼어 왕실의 침실로 보이는 만령전[149]에 주었으니 벌을 내리라고 진언하고 있으며, 왕은 또 이를 받아들여 호부의 관리들에게 벌을 주었다는 것이다. 왕조차도 사찰의 토지를 떼어 왕실 전각에 준 것을 잘못된 일이라고 수긍하니, 당시 조정과 문왕이 흥왕사를 얼마나 중시했는지를 짐작할 수 있다.

고려 문종 34년(1080) 3월 호부상서 류홍柳興과 예부시랑 박인량朴寅亮을 보내 약재를 내려준 데 대해 사례하고 이어 방물을 바쳤다.[150]

송나라 황제는 문종이 부탁했던 약재를 고려에 보냈고, 이에 문종은 송나라 황제에게 답례를 하고자 방물을 보냈는데 이것이 바로 국가의 외교적인 정책이라 할 수 있다. 이를 보면 당시 고려와 송나라는 형제 국가처럼 매우 가까웠음을 짐작할 수 있다.

148 박시형, 홍희유, 『북역 고려사』(제1책), 신서원, 1962, pp.427~428.
149 고려 중기 송나라 사절의 한 사람으로 고려에 왔던 서긍徐兢이 지은 『고려도경』 제5권에는 만령전에 대해 다음과 같이 말하고 있다. "만령전은 건덕전 뒤에 있는데, 터와 구조가 조금 작으나 문채 나게 꾸며 화려하니, 이것이 침실이다. 비빈妃嬪과 시녀들이 양편 행랑에 방을 잇대어 빙 둘러 거처하는데, 숭산崧山 중턱에서 그 안을 내려다보니 또한 그다지 넓지 않았다. 생각건대, 그 궁녀나 모시는 자의 숫자도 그 방의 수와 같은 듯 싶었다."
150 김종서, 『신편 고려사절요』(상권), 민족문화추진회, 2004, p.423.

고려 문종 34년(1080) 6월에 흥왕사 석탑을 보호하는 담장이 완성
되었다. 이를 계기로 하여 대사령을 내렸다.[151]

『고려사』 129권 「열전」 제42 '최충헌'조에 보면, 최충헌의 아들인
최이는 황금 2백 근을 내서 13층탑과 화병花甁을 만들어서 흥왕사에
두었다고 나온다. 그리고 흥왕사가 만들어지고 난 10년 뒤, 금 144근과
은 427근으로 금탑이 조성되고 한다. 아마 최이가 보시하여 세운
13층탑에다 문종 34년에 담장을 두른 것으로 보인다. 이를 보면
흥왕사 석탑의 화려함과 규모가 어느 정도였는지 짐작이 안 갈 정도
이다.

고려 문종 34년(1080) 가을 7월에 유홍 등이 송나라에서 돌아왔는
데, 황제가 칙서로 왕에게 의복·비단·은 그릇 등을 내려주었다.
예전에 유홍 등이 바다에 이르자 구풍颶風이 갑자기 일어나서
배가 하마터면 뒤집힐 뻔했는데, 송나라에 이르러 공물로 바칠
방물을 계산하니 거의 반이나 없어져버렸다. 황제가 위로하고
타일러 돌려보내면서 왕에게 조하여 유홍 등의 죄를 석방하게
하였다.[152]

문종은 송나라에서 보내온 약재를 받고 송나라 황제에게 많은
보물을 보냈다. 그런데 배에 가득 싣고 가던 도중에 풍랑을 만나

---

151 박시형, 홍희유, 『북역 고려사』(제1책), 신서원, 1962, p.428.
152 김종서, 『신편 고려사절요』(상권), 민족문화추진회, 2004, p.424.

보물들이 반으로 줄어들었다고 고려의 사신이 보고를 하니, 송나라 황제는 문종에게 그들을 벌주지 말라고 하여 문종은 송나라 황제의 의견에 따랐다.

고려 문종 34년(1080) 윤 9월 경자일에 일본국의 살마주薩摩州에서 사절을 파견하여 토산물을 바쳤다.[153]

일본에서 문종 시기에 사신을 보내 토산물을 바쳤다고 하는 것은 바로 일본이 고려에 조공을 했다는 의미이기도 하다. 그만큼 문종 시기의 고려는 강대한 나라였다.

고려 문종 34년(1080) 동번이 난을 일으키자 중서시랑평장사 문정을 판행영병마사로, 동지중추원사 최석崔奭과 병부상서 염한廉漢을 병마사로, 좌승선左承宣 이의李顗를 병마부사로 삼아서 보군과 기병 3만 명을 거느리고 나가서 정주定州에 주둔하게 하였다. 밤에 삼군이 각기 1만 명씩 거느리고 길을 갈라서 바로 적의 소굴로 향했는데, 날이 샐 녘에 갑자기 당도하여 북을 치고 고함을 지르는 소리가 땅을 울리니 적이 크게 두려워하였다. 드디어 군사를 휘몰아 공격하여 392급을 베고 그 우두머리 39명을 사로잡았으며, 소·말 백여 필을 노획하였고 적이 버린 군기軍器가 길을 메웠으며, 적의 막사와 부락을 파괴한 것이 십여 곳이었다. 해질 무렵에 개선하여 전승하였음을 아뢰니, 왕이 좌사원외랑左司員外郎 배위

153 박시형, 홍희유, 『북역 고려사』(제1책), 신서원, 1962, p.431.

裴偉를 보내서 문정 등에게 내린 칙서에 "근래에 변방에 일이 그치지 않아 밤낮으로 걱정했는데, 이제 아뢴 바를 살피건대 훌륭한 계책으로 오랑캐에게 항복을 받아 백성의 해를 소탕하여 짐에게 동쪽을 염려하는 근심이 없게 함은 오직 그대들의 공이다" 하고, 특히 문정에게는 무게가 백 냥 되는 은합 한 벌을, 최석·염한·이이에게는 무게 50냥 되는 은합 한 벌씩을 모두 정향丁香을 담아서 내려주었다.[154]

동번東蕃은 여진족으로 지금의 만주 헤이룽장 성에 거주하던 말갈족이다. 당시 말갈족은 발해의 유민이 상당수 포함된 몽골계의 일파인 예족의 후손으로 추측되고 있다. 여기서 번蕃은 제후국을 말한다고 봐야 한다. 당시까지만 해도 여진족은 고려의 제후국이었으며, 그렇기에 『고려사절요』에서는 그들이 난亂을 일으켰다고 표현한 것이다. 여진족들은 문종 시기부터 자주 고려를 침범하였다. 나중에 숙종의 아들인 16대 예종(睿宗, 1105~1122)이 윤관을 보내어 동번 여진족을 정벌하고 9성을 쌓는 등의 북벌정책을 폈다. 그러다가 이후 여진족이 금金나라를 세워 거란족의 요遼나라를 무너뜨리고 만주 전역과 국북부를 지배하게 된다.

고려 문종 35년(1081) 지서북면병마사知西北面兵馬使 왕저王佇가 아뢰기를 "서번의 추장 아부환阿夫渙 등 9명은 변방 보위 사업에 열성을 다하고 있사오니 이들에게 벼슬과 표창을 주면 좋겠습니

154 김종서, 『신편 고려사절요』(상권), 민족문화추진회, 2004, p.425.

96

다" 하였다. 왕이 명령을 내려 아부환 등 3명을 유원장군으로,
산두山豆 등 6명을 회화장군으로 각각 임명하고 물품을 차등 있게
주라고 하였다.[155]

서번西藩은 서여진을 말한다. 위 기록에 따르면 서번의 추장이
고려에 귀순한 것으로 보인다. 1년 전에 동번을 제압하고 추장을
생포하는 모습을 보았던 서번의 추장은 고려에 항복하고 귀순한
것이다.

고려 문종 35년(1081) 갑술일에 송나라 상인 임경林經 등 30명이
와서 토산물을 바쳤다.[156]

송나라 상인들이 고려에 와서 토산물을 바쳤다는 기록이 자주
등장한다. 이는 송나라와 고려의 교역이 매우 빈번했다는 것을 보여
준다.

고려 문종 35년(1081) 제하기를 "지난해 겨울에 동북로 오랑캐를
하루아침에 쓸어 없애서 변경이 맑아졌는데, 이것은 모두 위로는
종묘의 위령에 힘입고, 아래로는 여러 장수의 웅략에 의한 것이다.
이제 개선하였으므로 태묘와 6능에 고유해야 마땅하니, 날을 가려
서 행사해야 하겠다"고 하였다.[157]

---

155 박시형, 홍희유, 『북역 고려사』(제1책), 신서원, 1962, p.431.
156 박시형, 홍희유, 『북역 고려사』(제1책), 신서원, 1962, p.432.

문종 35년 겨울, 동북에서 난을 일으켜 고려를 침략하였을 적에 고려 군사들이 물리쳐 승리했다는 것에 대한 축하를 하였다. 고려는 강력한 군사력을 지니고 있다는 점을 문종 스스로 밝힌 것인데, 이를 통해 문종 자신은 고려를 확고히 지키는 역할을 한 왕이라는 사실을 백성들에게 각인시켰던 것이다.

고려 문종 35년(1081) 3월 기미일, 이날은 송나라 임금의 생신이라 하여 마세안馬世安이 체류하고 있는 사관에서 연회를 베풀고 겸하 여 예물을 주었다.[158]

문종은 고려에 머물고 있는 마세안이 있는 사관에서 연회를 베풀어 주었다. 마세안은 송나라 양주揚州 출신의 명의名醫로서, 희녕 7년 (1074년)에 송나라에서는 마세안을 비롯하여 8명의 의사를 고려에 보냈다. 그리고 문종 35년 7월(1081년) 마세안은 두 번째로 고려를 방문했던 것이다.

고려 문종 35년(1081) 8월에 서여진의 만두漫豆 등 17명이 가족을 이끌고 와서 의탁하였다. 예빈성이 아뢰기를 "예전 제도에 본국 변경의 백성으로 오랑캐에게 포로가 되었다가 고향이 그리워 스스로 돌아오는 자와 송나라 사람으로 재예가 있는 사람 외에 흑수·여진 사람의 입국은 허가하지 않았으니, 이제 만두 역시

---

157 김종서, 『신편 고려사절요』(상권), 민족문화추진회, 2004, p.426.
158 박시형, 홍희유, 『북역 고려사』(제1책), 신서원, 1962, p.432.

예전 제도를 따라 돌려보내소서" 하자, 예부상서 노단盧旦이 아뢰기를 "만두 등이 비록 무지한 속인이나 의를 사모하여 왔으니 거절할 수 없습니다. 산남현山南縣에 살게 하여 편호로 삼아야 마땅합니다" 하니, 따랐다.[159]

문종 35년에 서여진족이 고려에 의탁해 오자 이들을 수용하여 고려에서 살도록 하였다.

고려 문종 35년(1081) 12월 무진일에 영주靈州 영화사靈化寺 불당에 있는 천왕소상天王塑像에 벼락을 쳤다.[160]

문종 35년 12월에 영주에 있는 영화사 사천왕상에 벼락이 쳤다는 기록이다. 그간 고려에서는 문두루비법 등의 의식이 포함된 사천왕 신앙을 거행해 왔는데, 사천왕상에 벼락이 쳤다는 것은 이러한 사천왕 신앙에 대하여 영험이 없다는 사실을 은연중 비판하기 위함이기도 하다.

4. 문종 재위 36년간 고려의 평화

문종은 재위 36년 동안 고려에 평화를 정착시키고 백성들을 안정시키는 정치를 펼쳤다. 문종 시기를 태평성국이라고 할 수 있는 이유는

---

159 김종서, 『신편 고려사절요』(상권), 민족문화추진회, 2004, pp.427~428.
160 박시형, 홍희유, 『북역 고려사』(제1책), 신서원, 1962, p.435.

무엇보다 전쟁이 일어나지 않았다는 데 있다. 전쟁이 일어나지 않은 것은 문종이 불교의 호국사상, 평화사상에 의해 정치를 행했기 때문이라고 볼 수 있다.

> 고려 문종 36년(1082) 여름 4월에 홍원현(洪原縣: 함경남도 홍원군) 백성이 땅을 파다가 황금 1백 냥과 백은 1백 50냥을 얻어서 바쳤다. 왕이 이르기를 "하늘이 내려주신 것이다" 하고, 드디어 돌려주었다.[161]

농민이 자기 논밭에서 일을 하다가 금과 은을 캐었는데 문종은 금은보화를 모두 백성에게 돌려주었다. 이러한 조치는 문종이 전륜성왕으로서 백성들에게 자비심을 베푼다는 인식을 심어주기 위함이라고 볼 수 있다.

> 고려 문종 36년(1082) 5월 계사일에 구요당九曜堂에서 기도를 하여 비를 빌고, 정자일에 또 흥국사에서 비를 빌었다.[162]

구요당은 고려시대에 도교의 제천의식인 초제醮祭를 지내던 곳으로 태조 7년(924) 외제석원外帝釋院·신중원神衆院과 함께 개경 대궐 밖에 창건되었다. 구요당이라는 이름은 일·월 두 신神과 화·수·목·금·토의 오성五星을 합한 칠정七政 및 사요四曜 중에서 나후羅睺·계도計

---

161 김종서, 『신편 고려사절요』(상권), 민족문화추진회, 2004, p.429.
162 박시형, 홍희유, 『북역 고려사』(제1책), 신서원, 1962, p.436.

都의 두 성신을 합한 구요九曜에서 온 것이다. 고려시대에 가장 중요한 것은 농사를 지을 때 적당한 물이었다. 비가 오지 않아 농사가 어렵게 되자 왕은 도교사원과 불교사원을 가리지 않고 가서 기우제를 지냈던 것이다. 이를 통해 볼 때 고려시대에는 중심 종교인 불교와 더불어 도교 역시 상당한 영향력을 가지고 있었던 것으로 짐작할 수 있다.

고려 문종 36년(1082) 9월 계미일에 왕이 남으로 순행하고, 정해일에 봉성현(峯城縣: 현 경기도 파주시)에 머물러 중양重陽[163] 연회를 베풀고 양부 및 시신侍臣에게 시를 짓게 하였으며, 을사일에 온수군溫水郡에 도착하였다.[164]

문종 36년에 왕이 남쪽으로 순행을 떠났다. 문종이 남행을 떠나고 중양절에 신하들과 함께 연회를 열고 시를 짓고 즐겼다는 것은 그만큼 고려가 태평성대를 맞이하고 있음을 상징적으로 드러내는 정치적 행사였다고 볼 수 있다.

고려 문종 36년(1082) 겨울 10월 초하루 무신일에 왕이 친히 지은 「늦은 가을에 남행하여 천안부에 머물다(幕秋南幸次天安府)」라는 시를 보이면서 측근 신하들에게 그 운자에 의하여 화답시를 짓게 하고 등수를 정했는데, 그 중에서 좌산기상시 이이의 시가 가장

---

163 중양重陽은 양이 겹쳤다는 뜻으로, 양수陽數인 홀수 중 가장 큰 수인 중구重九를 가리킨다. 그래서 매년 음력 9월 9일을 중양절重陽節이라 하여 명절로 지냈다.
164 김종서, 『신편 고려사절요』(상권), 민족문화추진회, 2004, p.430.

우수하여 사람들을 경탄케 하였다. 왕이 가상히 여겨 말 한 필을 주고 기타 관원들에게 비단을 차등 있게 주었다.[165]

문종이 천안부에 가서 온천을 하고 시를 지었으며, 신하들에게도 시를 짓게 하고 등수를 가려 포상하였다.

고려 문종 37년(1083) 3월에 음정陰鼎 등 14명과 명경 3명, 은사 1명에게 급제를 주었다. 예전 제도에는 지공거 한 사람만을 두어서 과거를 관장하게 했는데, 이때부터 또 동지공거를 두고 마침내 일정한 제도가 되었다.[166]

지공거知貢擧는 원래 중국 수나라에서 과거제도의 고시관을 지공거라고 칭한 이래 당·송에서 사용되었고, 우리나라에는 958년(광종9) 과거제도가 만들어지면서 쓰였다. 광종 때 처음으로 지공거가 된 사람은 중국의 귀화인인 쌍기雙冀였는데, 경종과 성종 때의 지공거는 대부분 귀화인이 맡았다. 그리고 동지공거同知貢擧는 과거시험의 부고시관을 말한다. 고려의 과거시험은 일반과 승과를 분리하여 시행했을 것으로 여겨지는데, 승과시험에 대해서 『고려사』나 『고려사절요』는 기록하고 있지 않다.

고려 문종 37년(1083) 3월 기축일에 왕이 태자에게 명령하여 송나

---

165 박시형, 홍희유, 『북역 고려사』(제1책), 신서원, 1962, pp.436~437.
166 김종서, 『신편 고려사절요』(상권), 민족문화추진회, 2004, p.431.

라에서 보내온 대장경을 접수하여 개국사開國寺에 보관하도록
하고 겸하여 도량을 베풀었다.[167]

문종은 송나라에서 고려에 보낸 대장경을 태자에게 접수케 하여
개국사에 보관하고 도량을 마련하여 법회를 거행했는데, 의천의 참석
에 대한 기록은 없다.

고려 문종 37년(1083) 여름 4월에 제하기를 "봄부터 여름은 농사가
한창인데 서리와 우박으로 재해를 당하였으니, 생각건대 옥에
갇힌 죄수에게 억울함이 있어서일까 염려된다. 내외의 죄수에게
는 마땅히 너그러운 법을 따를 것이며, 무릇 내외의 토목공사는
모두 정지하거나 파하게 하라" 하였다.[168]

문종은 4월 농사철에 서리와 우박이 내리는 바람에 농사를 짓지
못할 것이라고 판단을 했는지 옥에 갇힌 죄수들을 석방하기도 하고
국가에서 행하는 토목공사를 일시 중단하기도 하였다.

고려 문종 37년(1083) 가을 7월 계축일에 백관들이 5일간에 걸쳐
화엄경도량을 흥국사興國寺에서 베풀고 우순풍조하기를 기도하
였다.[169]

---

167 박시형, 홍희유, 『북역 고려사』(제1책), 신서원, 1962, p.438.
168 김종서, 『신편 고려사절요』(상권), 민족문화추진회, 2004, p.431.
169 박시형, 홍희유, 『북역 고려사』(제1책), 신서원, 1962, p.438.

　문종은 백관들과 함께 5일간 흥국사에서 화엄경법회를 했는데, 이것이 기록에 나타나는 문종의 마지막 법회다. 문종은 흥국사에서 화엄법회를 거행한 이후에 병이 들어 위독하였다.

제4장 문종 사후 의천의 활동

제1절 고려 순종의 왕위 계승

문종이 왕위에 오른 지 37년 만에 승하하고 아들 훈勳이 왕위를 계승하였다. 문종은 이자연의 딸들을 자신의 왕비로 맞이했는데, 인예태후仁睿太后·인경현비仁敬賢妃·인절현비仁節賢妃가 그들이다. 그 중 인예왕후는 순종·선종·숙종을 낳았으며, 인종에 이르기까지의 왕들은 모두 인예태후의 혈통이었다. 이를 통해 볼 때 문종과 그 이후에 이자연의 권세가 얼마나 막강했는가를 알 수 있다. 문종은 37년간 왕위에 있으면서 백성들에게는 자비스런 왕으로 인식되었으며 두 명의 왕자를 출가시킨 왕이었다.

고려 문종 37년(1083) 신유일에 왕의 병세가 위독하여졌다. 이날

다음과 같은 최후 조서를 내렸다. "내가 변변치 못한 사람으로
조상의 위업을 이어왔다. 운수가 불길하여 오랫동안 병으로 신음
하였고 하늘이 무심하여 어느덧 죽을 날이 다가왔다. 임금의 중요
한 자리를 단 하루라도 비울 수가 없으니 이제부터 군국 정사를
전적으로 태자 훈勳에게 위임하고 왕위를 전하노니, 그대들은
나의 간곡한 부탁을 받들어 힘써 충성을 다할지어다."[170]

문종은 왕자를 둘이나 출가시켰고, 이자연의 아들도 출가를 하였
다. 이자연의 아들의 출가는 법상종을 장악하기 위함이라고 보아야
한다. 법상종은 이자연 가문의 권력자들이 관리하고 있는 종파였다.
이에 문종은 장인인 이자연의 가문을 견제하기 위하여 의천을 화엄종
에 출가시키고, 여섯째 왕자는 법상종에 출가시켰던 것이다.

고려 문종 37년(1083) 가을 7월 신유일에 왕의 병환이 위독하자
조서를 내려서 태자 훈勳에게 왕위를 전하고, 중광전重光殿에서
죽였다. 이날 태자가 즉위하였다.[171]

문종은 37년 동안 왕위에 있었는데, 문종 대는 고려 역사에서
가장 태평성대한 시기였다. 문종이야말로 고려 역사에서 가장 백성들
을 위하고 백성들이 찬양한 임금이었다. 문종은 병환이 위독하여
급히 왕위를 태자에게 물려주었다. 태자에게 왕위를 물려주는 의식이

---

170 박시형, 홍희유, 『북역 고려사』(제1책), 신서원, 1962, p.438.
171 김종서, 『신편 고려사절요』(상권), 민족문화추진회, 2004, p.431.

거행되고 난 뒤에 문종이 죽고, 태자 훈勳이 고려 제12대 왕위에 올랐다. 그가 바로 순종順宗이다.

> 고려 순종(1083) 선혜대왕宣惠大王의 이름은 훈勳이요 자는 의공義
> 恭이며, 본 이름은 휴烋였다. 그는 문종의 맏아들이요, 어머니는
> 인혜仁惠태후 이씨였다. 문종 원년(1047) 12월 기유일에 출생하여
> 동 8년 2월에 태자로 책봉되었고, 동 37년 7월 신유일에 왕이
> 죽으매 유명을 받들어 왕위에 올랐다.[172]

순종은 일찍이 문종의 백성을 사랑하고 불교를 존중하는 정치에 대한 실습을 받았으며 태자로서의 역할을 충실히 해왔다. 순종은 왕위에 오르자 요나라에 부왕의 붕어를 알리는 사절단을 보냈다. 사절단을 요나라에 보낸 것은 외교상 통상적인 절차로 보아야 한다. 문종 시대까지는 요나라 및 송나라와의 국가 간 외교적인 역학관계에 있어서 평등한 협력관계였다고 할 수 있다.

> 고려 순종은 (1083년 즉위년에) 좌습유 지제고 오인준吳仁俊을
> 요에 보내서 부고를 전하였다.[173]

순종은 즉위하자마자 요나라에 부왕의 붕어를 알리는 일을 행하였다. 요나라는 거란족의 야율아보기가 부족을 통합해 내몽골 지역에

---

172 박시형, 홍희유, 『북역 고려사』(제1책), 신서원, 1962, p.439.
173 김종서, 『신편 고려사절요』(상권), 민족문화추진회, 2004, p.431.

세운 나라로 대요(大遼, 916~1125)라고 스스로 칭하였다. 문종 때만 하더라도 고려는 거란과의 전쟁을 통해 다소 적대적인 관계에 있었으나, 순종은 요나라와 적대적인 감정을 가지지 않고 부고를 전한 것이다.

> 고려 순종 즉위년(1083) 8월 계미일에 문종의 시호를 인효仁孝라 올리고 묘호를 문종文宗이라 올렸으며, 갑신일에 경릉景陵에 장사 지냈다.[174]

순종은 부왕에게 문종이라는 시호를 올렸다. 문종은 고려시대 가장 안정적으로 정치를 하였다. 왕권을 통해서 자신이 실현하고자 했던 불교정책을 그대로 실천할 수 있었다. 그러한 실천은 바로 국가의 안정이다.

> 고려 순종 즉위년(1083) 겨울 10월 초하루 계유일에 회경전에서 3일간이나 소재도량을 베풀고 승려 3만 명에게 공양을 하였다.[175]

순종은 문종과 같이 승려들 3만 명에게 공양을 하였다. 승려에게 공양을 한다는 것은 부왕의 불교정신을 실천하려는 의지로 보아야 한다. 의천이 받은 승통이라는 직책은 승려들을 통제하는 직책이었다. 하지만 이 당시 의천은 이름만 승통 직책이었을 뿐 실제적인

---

174 김종서, 『신편 고려사절요』(상권), 민족문화추진회, 2004, p.431.
175 박시형, 홍희유, 『북역 고려사』(제1책), 신서원, 1962, p.439.

힘은 없는 상태였다. 순종은 문종의 추모기간에 무리한 탓에 병이 들어 집무를 볼 수 없었다. 왕은 평소에도 풍비風痺라는 질병으로 고생하고 있었는데 이 일로 그만 병이 위독해졌다.

> 고려 순종 즉위년(1083) 가을, 왕이 젊어서부터 병환이 있었는데, 상중에 있으면서 너무 애통하여 병이 더욱 위독해졌다. 을미일에 동모제同母弟 국원공國原公 운運에게 임시로 나랏일 전체를 다스리도록 명하고, 유조로 왕위를 전하였다. 이날 상차(喪次, 여막)에서 죽였는데, 수는 37세였다. 시호를 선혜宣惠, 묘호를 순종順宗이라고 하였다.[176]

순종은 문종의 죽음에 대하여 너무나 슬퍼하였고 부왕의 죽음에 대한 애도를 하는 동안 병이 깊이 들어 더 이상 왕의 역할을 할 수 없다고 판단하여 왕위를 동모제 국원공 운運에게 물려주고 죽었다. 순종이 왕위에 오른 지 4개월 만이다.

제2절 고려 선종의 왕위 계승

순종은 선왕의 죽음에 대해 추모하는 기간에 온몸으로 효심을 보였다. 그래서 백성들이 순종의 효도[177]에 대해 찬탄하지 않는 이가 없었고,

---

176 김종서, 『신편 고려사절요』(상권), 민족문화추진회, 2004, pp.432~433.
177 고려 선종 즉위년(1083) 가을 7월 이제현이 말하기를 "3년 동안 복상함은 천자로부터 서인까지 같은 것이다. 그러나 이른바 재최복齊衰服을 입고 죽을

이러한 선종의 효심은 백성들에게 귀감이 되었다. 하지만 순종이 일찍 승하하고, 유지에 따라 순종의 친동생인 국원공 운이 왕위를 계승하였다.

> 고려 선종宣宗은 휘諱가 운運이며, 자字는 계천繼天인데, 처음에는 휘를 증蒸 또는 기祁라고 하였다. 순종順宗의 동복동생으로서 문종 文宗 3년 기축 9월 경자일에 출생하였다. 어려서부터 총명하고 슬기로웠으며, 성장해서 효도·공경·공손·검소하고 식견과 도량 이 넓으며, 경사를 박람하였고 제술을 더욱 잘하였다. 왕위에 11년 동안 있었고, 수는 46세였다.[178]

선종은 왕위에 오를 인연이 맞아떨어졌다. 만일에 순종이 오래도록 왕위에 있었으면 선종은 왕이 될 수 있는 인연이 아니었을 것이다. 그런데 순종이 일찍 세상을 떠나고 순종에게 왕자가 없었으니, 이는 선종이 왕위에 오를 수 있는 인연을 타고났다고 말할 수 있을 것이다.

> 고려 선종 즉위년(1083) 가을 10월 병신일에 국원공 운이 선정전에 서 즉위하였다.[179]

먹으며 슬픈 낯빛을 띠고 애통히 곡하는 것을 사방에서 조상하러 와서 보는 자마다 감복했다 함은 등문공滕文公 이후에는 듣지 못했는데, 순종順宗이 문종 의 상을 당해서 애통하다가 병이 되어, 넉 달 만에 서거하였으니, 성인이 만든 예제로 보아서는 비록 너무 지나침이 있었으나 그 친애하는 정성만은 지극했다"라고 하였다.

178 김종서, 『신편 고려사절요』(상권), 민족문화추진회, 2004, p.435.

순종이 왕위에 오른 지 4개월 만에 죽으니, 재위에 오른 선종은 또한 왕으로서 연달아 국상을 치러야 했다. 국가적으로 국상을 행한다는 것은 정치에서 안정을 유지하는 것과는 거리가 있다. 특히나 순조롭게 준비된 이양이나 적통인 경우가 아니라면 더욱 그렇다. 하지만 선종은 왕위를 계승하는 데 있어서 순조로웠다. 이러한 것도 국왕이 될 수 있는 인연이 있었음을 알 수 있다.

고려 선종 즉위년(1083) 10월 정유일에 금강경金剛經도량을 건덕 전乾德殿에 베풀었다.[180]

선종이 건덕전에서 『금강경』을 독송했다고 한다면 선종宣宗과 선 종禪宗 승려들이 교류가 있었다고 짐작할 수 있다. 주지하다시피 『금강경』은 육조 혜능 이후로 선종에서 중시 여기는 경전이다. 선종이 『금강경』을 독송했다는 것은 선종의 승려들과 함께 하려는 의도적인 면이 없지 않다. 선종은 문종 때와 같이 불교를 통해 나라를 통치하려고 했던 것으로 보인다. 한편 선종은 화엄종에도 관심을 가졌으며, 송나라의 불교에 대하여도 탐구를 했던 것 같다.

고려 선종 즉위년(1083) 가을 10월 어사사侍御史 이자인李資仁을 보내 요에 가서 부고하였다. 자인이 요에 도착하니 요의 황제가 명하여 경관京館에 들지 못하게 하고, 힐책하면서 두 임금이 연달

179 김종서, 『신편 고려사절요』(상권), 민족문화추진회, 2004, p.433.
180 박시형, 홍희유, 『북역 고려사』(제1책), 신서원, 1962, p.443.

아 서거함은 반드시 다른 연고가 있는 것이니 실정을 아뢰라
하였다. 자인이 아뢰기를 "국공國公께서는 일찍부터 병환이 있었
는데 상중에 애통이 지나쳐서 마침내 위독하기에 이른 것이지
실로 다른 까닭은 없습니다. 신들을 머무르게 하여 두시고 특히
사신을 본국에 보내어 사실을 샅샅이 조사하여 보고, 신이 만약
거짓으로 속인 일이 있다면 마땅히 중한 죄를 받겠습니다" 하여
말이 매우 간절하고 곧으니, 황제가 성 밖 전전甎殿에 나가 거둥하
여 인견하고 위문하였다.[181]

고려 문종이 사망한 이후 왕위에 오른 왕이 단명하였기에 요나라에
서는 혹시나 고려에서 변란이 일어나지는 않았나 하고 의심한 것이다.
고려에서 변란이 발생했다면 요나라도 안정적이지 못할 것을 염려한
것으로 보인다.

고려 선종 즉위년(1083) 11월 정신일에 왕이 순종의 발인에 친히
참가하여 서럽게 울었다. 순종을 성릉成陵에 장사하였다.[182]

선종은 순종의 발인에 참가하여 장례를 거행하였다. 기록에 의하면
슬프게 울었다고 하는데, 이때 거행한 것은 아마도 불교의식이 아닌가
한다. 당시 고려는 불교국가였기 때문이다. 이후로 선종은 문종 부왕
의 불교적 정책을 그대로 실천하고자 하였다.

181 김종서, 『신편 고려사절요』(상권), 민족문화추진회, 2004, p.433.
182 박시형, 홍희유, 『북역 고려사』(제1책), 신서원, 1962, p.443.

고려 선종 즉위년(1083) 12월 임신일에 화엄경華嚴經도량을 건덕
전에 베풀었다. 이것이 5일간 계속되었다.[183]

선종은 부왕의 장례를 거행한 다음 달에 화엄경도량을 5일간이나
봉행하였다. 여기에 화엄종의 승려들이 대거 참여를 하였을 것인데
의천에 대하여서는 기록이 없다. 의천은 선왕인 문종에게 요청했던
송나라 유학에 대하여 다시 형인 선종에게 요청하였다. 하지만 당시
송과 거란과의 균형 외교를 펴던 고려의 입장에서는 거란과의 외교
관계를 고려할 때 왕의 동생인 의천이 송으로 가는 것이 적합하지
않다는 조정 대신들의 반대도 거셌기 때문에 그의 유학 요청은 받아들
여지지 않았다. 이러한 시기에 선종은 화엄법회를 5일간이나 봉행했
으니, 당시 고려에는 화엄종의 영향이 컸음을 짐작할 수 있다.

고려 선종 즉위년(1083) 12월에 팔관회를 베풀었다. 신봉루 앞
장전帳殿에 거둥하여 백관의 하례를 받고 드디어 법왕사法王寺에
행차했는데, 지난달에 국상을 당하였으므로 이때에 이르러서 거
행하였다.[184]

순종은 왕위에 올라 문종이 실시했던 팔관회를 다시 거행했는데,
문종과 순종이 잇달아 승하하여 고려는 슬픔에 잠겨 있었다. 이러한
시기에 선종은 왕실과 고려 백성들을 위로하고자 팔관회를 거행했다

183 박시형, 홍희유, 『북역 고려사』(제1책), 신서원, 1962, p.444.
184 김종서, 『신편 고려사절요』(상권), 민족문화추진회, 2004, p.434.

고 보아야 한다. 고려에서 실시했던 팔관회는 국왕으로서 백성들에게
태평성대의 정치력을 발휘하기 위한 정치행사의 성격도 지니고 있었
던 것이다.

1. 고려의 승과 시험

고려의 승려들은 왕명으로 승려가 되었는데, 승려가 되는 이들에게는
승과 시험을 보아 등급을 정하였다. 그런데 선종 원년에 보제사 승려들
이 승려가 된 지 3년이 되어 승과 시험을 보도록 할 것을 왕에게
요청하였을 적에 왕은 이를 승낙하였다.

> 고려 선종 원년(1084) 봄 기사일에 보제사 승려 정쌍貞雙 등이
> 왕에게 아뢰기를 "9개의 절간에서 불교를 공부하는 승려들을 진사
> 進士 규정에 준하여 3년에 1차례씩 승직僧職에 선발하도록 하시기
> 바랍니다"라고 하였다. 왕이 이 제의를 좇았다.[185]

선종 대에는 과거 시험을 3년에 1회 실시하였다. 이에 준하여
승과 시험도 3년에 1회 실시하도록 결정되었다는 기사이다. 귀족적
불교국가였던 고려에서 승과는 매우 중요한 시험이었다.

> 고려 선종 원년(1084) 여름 4월에 요에서 칙제사勅祭使로 익주益州
> 관내管內 관찰사觀察使 야율신耶律信과 위문사慰問使로 광주廣州

---

185 박시형, 홍희유, 『북역 고려사』(제1책), 신서원, 1962, p.444.

관내 관찰사 야율언耶律彦 등을 보내와서 문종과 순종에게 제사지 냈다.[186]

요나라에서는 문종과 순종이 죽은 것을 확인하고는 대거 조문단을 보내왔다. 조문단을 보낸다는 것은 국가 간에 동등한 관계임을 보여주 고 외교적으로 서로 협력을 구하는 상호 평등적인 관계를 구성하기 위함이기도 하다.

고려 선종 2년(1085) 2월 신미일에 금강경도량을 건덕전에 베풀었 는데, 이것이 7일간 계속되었다.[187]

선종은 금강경도량을 만들고 7일간이나 경전 강독을 하였다. 앞서 언급했듯이 이러한 법회를 했다는 것은 선종 승려들과 교류를 한 것이 아닌가 짐작하게 한다. 『금강경』은 선종禪宗에서 소의 경전으로 여겨지고 있기 때문이다.

고려 선종 2년(1085) 2월 계유일에 요나라에서 대안大安으로 개칭 (改元)했다는 통보가 왔으므로 왕이 해당 관청에 명령하여 이를 종묘(大廟)와 육릉六陵에 고하게 하였다.[188]

---

186 김종서, 『신편 고려사절요』(상권), 민족문화추진회, 2004, p.435.
187 박시형, 홍희유, 『북역 고려사』(제1책), 신서원, 1962, p.448.
188 박시형, 홍희유, 『북역 고려사』(제1책), 신서원, 1962, p.448.

요나라 국명을 대안으로 변경했는데, 이 당시 요는 성종聖宗 이후 홍종興宗과 도종(道宗, 재위 1055~1101) 시기를 거치며 국세가 점차 쇠락해 갔다. 하지만 아직까지는 고려에 영향력을 행사하고 있었기에 선종은 형식적 절차를 지켰으며, 안으로는 적극적으로 송나라와 교류를 하였다.

고려 선종 2년(1085) 2월 처음으로 영을 내려, 대가大駕가 행차할 때에 앞에서 『인왕반야경仁王般若經』을 받들고 인도하게 하였다.[189]

선종 2년 2월에는 어가가 행차를 할 적에 호국적인 상징을 표현하는 의미에서 『인왕반야경』을 받들고 행차하도록 하였다. 뒤이은 기사에 이것은 송나라의 제도를 수용했다고 밝히고 있다.

고려 선종 2년(1085) 귀법사歸法寺에 거동하였다. 이로부터 사원寺院에 여러 차례 거동하였다.[190]

귀법사는 963년(광종 14)에 왕이 국찰로 송악산 아래에 지은 절로, 왕이 친히 승려들을 공양했으며, 고려 초기 화엄종의 대표적 고승인 균여均如를 초대주지로 삼았다. 이 절은 광종 이후 목종·선종·의종 등 여러 왕의 행차가 잦았으며, 중요한 법회의식이 거행된 당시 최대의 국찰이었다. 선종이 당시 대표적 화엄종의 사찰 귀법사에 거동한

---

189 김종서, 『신편 고려사절요』(상권), 민족문화추진회, 2004, p.437.
190 박시형, 홍희유, 『북역 고려사』(제1책), 신서원, 1962, p.448.

것은 왕실과 화엄종과의 긴밀한 관계를 보여주고 있다.

고려 선종 2년(1085) 3월에 왕이 혼당魂堂에 나아가 제사를 거행하려 하니, 유사(有司: 담당 직무를 맡은 관리)가 왕의 곡哭할 위차가 없다고 하여 난처하게 여기므로, 왕이 이르기를 "예禮는 편의함을 따름이 마땅하다" 하고, 드디어 시종하는 수행인원을 감하고 갔다.[191]

이 기록에 대한 『고려사』「세가世家 15」를 보면 송나라 황제가 제수祭需와 위문하는 조서를 보낸 사실과 조서의 내용, 그리고 송나라 사신과 왕의 대화가 나온다. 여기서 송 황제(神宗)의 사신은 선왕에게, 과거에는 요나라의 책봉 명령을 받았기 때문에 일부러 책봉하는 의례를 피했지만, 지금은 요나라가 거의 멸망하게 되었으니 우리 송나라 조정에 책봉해 달라고 요청하는 것이 좋을 것 같다고 말한다. 이에 선왕은 사신이 돌아가는 편에 사의를 표하고 있다. 이는 요나라와의 친교정책뿐 아니라 송나라와의 친화정책을 통해서 양국 간에 통합적인 정치를 행했음을 보여주는 대목이다.

고려 선종 2년(1085) 3월 무술일에 송나라 밀주密州에서 자기 나라 황제가 죽고 황태자가 들어섰다는 통보를 보내왔다.[192]

191 김종서, 『신편 고려사절요』(상권), 민족문화추진회, 2004, p.437.
192 박시형, 홍희유, 『북역 고려사』(제1책), 신서원, 1962, p.448.

송나라 황제인 신종神宗이 세상을 떠나고 황태자(哲宗)가 왕위를 물려 받았다는 통보를 받았다. 이 해에 요나라의 도종道宗은 연호를 대안大安으로 바꾸었으며, 송나라는 철종 황제가 등극하였고, 고려 또한 왕이 새로운 시대를 맞이하는 변동기였다.

2. 의천의 송나라 유학 준비

의천은 송나라 구법의 길이 막히자 새로운 불교학을 탐구하였다. 그의 불교학에는 새로운 역사를 창조하려는 서원이 깃들어 있었다. 의천은 부왕인 문종이 세상을 떠나고 형 순종이 왕위에 오르자 다시 송나라에의 구법 요청을 하게 된다.

> 신이 들으니 반게半偈를 듣기 위해 몸을 버린 능적能寂은 법을 소중히 여겼기에 꽃다운 이름이 유전되었고, 여러 나라 백 곳의 성城을 다니며 법을 물은 선재善財는 스승을 구하는 데 모범을 드리웠거늘 하물며 상법像法이 쇠한 때에 다시 밝은 이의 초청을 받고서도 찾아가 도를 물을 마음이 없다면 반드시 법을 구함에 게으름이 있는 탓일 것입니다. 감히 하고자 하는 일을 따라주시는 어진 마음을 바라오니 형벌을 달게 기다립니다.[193]

이처럼 의천은 송나라에 유학하기 위하여 순종에게 소를 올렸다. 그런데 앞서 본 바와 같이 순종의 입장에서는 왕자인 의천을 송나라에

---

[193] 동국역경원, 『大覺國師文集』(外), 2001, p.83.

공식적으로 유학 보낼 수 없었다는 점을 의천은 알지 못한 것 같다.

의천의 사상은 제관 등의 천태사상과 비슷하여 교종, 그중에서도
특히 화엄종의 입장에 서 있었다. 말하자면 의천은 어디까지나
화엄종 승려였다. 거기서 그는 중국의 두순, 지엄, 법장으로 이어
지는 정통파 화엄사상을 중시하였다.[194]

왕자 의천의 출가로 인하여 신라불교계에서 호족들의 지원을 받았
던 선종은 약화되었다. 그 대신 교종은 국가의 적극적인 지원을 받았
다. 이러한 역사적 맥락 속에서 의천은 교종 중에서도 화엄종에 정통한
승려가 된 것이다. 그러면서도 더 많은 공부를 위해 유학을 갈망하고
있었다.

국사는 수행修行과 학문學問을 원만히 성취하였지만 이에 만족하
지 않고 한층 더 자신의 견문見聞을 넓히는 것은 물론이고 불교서적
의 수집과 완비完備를 꾀하기 위하여 송宋나라에 구법求法의 길을
떠날 것을 계획하였다.[195]

의천의 구법의 열망은 고려에 머물러 있을 수만은 없었다. 하지만
부왕 문종의 유지를 받았던 순종順宗과 왕실 가족들과 관료들은 의천

---

194 金杜珍, 「고려 광종대 법안종의 등장과 그 성격」(『고려초기불교사론』, 민족사,
   1989), p.348.
195 『의천 대각국사』, 대한불교천태종 총무원, 2001, pp.10~11.

의 송나라 유학길을 만류하였다.

3. 의천의 송나라 밀항

의천은 문종 때에도 송나라에 유학을 가려고 요청했으나 뜻을 이루지
못하였고, 선종에게도 간청하였으나 역시 거절당하였다. 그래서 그
는 밀항이라는 방법을 택하여 송나라 유학길에 나섰는데, 그때가
선종 2년 4월이었다. 의천의 입장에서는 자신의 유학행이 원효와
의상의 구법활동과 같은 의미였다고 생각했을 것이다.

> 부왕이 승하한 뒤 백형伯兄인 순종順宗이 직위職位하였으나 얼마
> 못가서 세상을 떠나고 중형인 선종宣宗이 직위하였다. 이 해에
> 국사께서는 도송渡宋의 뜻을 수행하고자 하여 선종에게 송나라에
> 구법 차 보내 달라고 재삼 간청하였으나 조의朝議에 의하여 역시
> 허락되지 않았다. 이에 국사께서는 선종 2년(1085) 30세 때에
> 모후와 선종에게 편지를 남기고 제자인 수개壽介 등 2인을 데리고
> 송인宋人의 상선商船에 편승便乘하여 송나라에 건너갔다.[196]

의천은 부왕의 허락도 얻지 못하고 형인 순종의 허락도 얻지 못하자
은밀히 제자와 함께 송나라를 향해 구법의 길에 나섰다.

---

196 이제창, 「大覺國師 義天의 天台宗 開立」(『한국천태사상』, 동국대학교 불교문
화연구원, 1997), pp.173~174.

고려 선종 2년(1085) 여름 4월에 승려 후(煦, 의천의 이름)가 도망하여 송나라로 들어갔다. 당초에 후煦가 불법을 구하려고 송나라에 가고자 하였으나 문종이 허락하지 않았었는데, 왕이 즉위한 뒤에 여러 차례 청하므로 여러 신하를 모아서 의논하니, 모두 불가하다고 하였다. 이때에 이르러서 제자 2명을 거느리고 몰래 송나라 상인 임녕林寧의 배를 따라 가버린 것이다. 왕이 예빈승禮賓丞 정근鄭僅 등을 송나라에 보내어 바다를 안전하게 잘 건넜는가를 물었다.[197]

의천이 송나라에 유학을 가고자 했던 것은 자신이 원효와 의상과 같은 구도의 길을 걷고자 함이었다. 그 뜻을 이루지 못하다가 선종 2년 4월에 그 뜻을 성취하였다.

고려 선종 2년(1085) 갑신일에 한발이 계속되므로 해당 관청에 명령하여 임해원臨海院에서 7일 동안 『운우경雲雨經』을 강독하게 하고 산악에도 비를 빌었다.[198]

선종은 가뭄이 심하여 백성들이 농사를 지을 수 없다고 판단했는지 백성들을 위하여 해당 관청에 명령하여 온 힘을 다하여 불공을 시행하는 기도를 드리게 하였다.

197 김종서, 『신편 고려사절요』(상권), 민족문화추진회, 2004, p.437.
198 박시형, 홍희유, 『북역 고려사』(제1책), 신서원, 1962, p.448.

고려 선종 2년(1085) 5월 제자인 수개壽介, 양변良辯 등과 함께 입송入宋한 의천은 1085년 5월 21일 인반사引般使 주객원외랑 소주정蘇注廷의 수행으로 변경卞京에 들어가 철종 황제를 만나고 화엄종 승려인 유성법사有誠法師를 만났다. 그 후에 진수정원晉水淨源을 만나기 위하여 주객원외랑 양걸揚傑을 관반사로 변경을 떠나 항주로 가서 정원의 문하에 들어갔다.[199]

의천은 그토록 원했던 송나라에의 구법 행을 실행하였다. 의천은 송나라에 입국하기 전에 철저하게 준비를 하였고, 부왕시대에 이루지 못한 뜻을 실현한 것이다.

고려 선종 2년(1085) 5월 갑인일에 7일간에 걸쳐 건덕전에서 금강명경도량을 배설하고 비를 빌었다.[200]

선종 2년 5월에는 고려에 가뭄이 들어 백성들에게 고통이 있었던 것을 알 수 있는데, 이 와중에 『금강명경』을 7일간이나 봉행하였다. 가뭄을 맞아『금강명경』과 같은 호국경전을 봉독하며 지내는 법회를 통해 대다수가 불교도인 백성들의 일치단결을 도모했다고 말할 수 있다.

---

199 박용진, 「대각국사 의천 연구」, 국민대학교 대학원 사학과 문학박사학위논문, 2004, p.23.

200 박시형, 홍희유, 『북역 고려사』(제1책), 신서원, 1962, p.449.

의천이 입송하기 전에 교류한 정원淨源이라는 인물에 대해 주목할
필요가 있다. 정원은 당시 송의 주도적 정치세력인 신법당파 관료
들과 지역적 기반을 통하여 연결되어 있었다. 따라서 의천의 입송
동기에는 불교 구법 이외에 정치적인 관계가 존재할 가능성이
충분하다. 곧 의천의 입송은 신종의 적극적인 연고제요(聯高制遼:
고려와 연대하여 요나라를 제압함) 정책과 짝하여 이루어진 계획적
조치의 가능성이 있다.[201]

송나라에서는 의천의 송나라 유학 의도를 위와 같은 시각으로
볼 수도 있을 것이다. 하지만 고려 왕실에서는 왜 의천의 입송을
반대했고 또 의천은 왜 굳이 밀항이라는 방법을 택해서 송으로 가야
했는가에 대한 의문을 풀기에는 충분하지 않다고 판단된다. 역시
고려의 입장에서는 요나라의 눈치를 보지 않을 수 없었기 때문일
것으로 추측된다.

송에 도착하여 입국의 이유를 송제宋帝에게 상표上表하니 송제
철종哲宗이 객예客禮로서 맞아들여 예시禮侍를 극진히 하였으며
계성사啓聖寺에 유류留하도록 하고 또 화엄학의 대가인 유성법사有誠
法師 등을 추천하여 불교 전반에 대한 강론을 하도록 하였다.[202]

---

201 박용진, 「대각국사 의천 연구」, 국민대학교 대학원 사학과 문학박사학위논문,
    2004, p.27.
202 이제창, 「大覺國師 義天의 天台宗 開立」(『한국천태사상』, 동국대학교 불교문
    화연구원, 1997), p.174.

의천의 송나라 구법은 이렇게 하여 이루어졌다. 의천이 송에 갔을 때에 송나라에는 정치적인 고려가 있었다고 봐야 할 것이다. 당시 송나라에서는 신법당파와 구법당파의 대결[203]로 내분이 발생하고 있던 시기였다. 의천은 신법당파의 후원을 받은 화엄종 승려 진수정원과의 친분이 있어 송나라에서 활발하게 구법활동을 할 수 있었다.

고려 선종 2년(1085) 6월에 건덕전乾德殿에서 왕이 보살계菩薩戒를 받았다.[204]

역대 고려의 왕들이 대부분 그렇지만 선종도 불교의 보살계를 받았다. 이는 불교의 이념으로 국가를 통치할 것을 드러내는 일이자 고려가 불교국가임을 나타내는 상징적인 사건이라 말할 수 있다.

고려 선종 2년(1085) 8월에 호부상서 김상기金上琦와 예부시랑 최사문崔思文을 송나라에 보내어 조위하고, 공부상서 임개林槩와

---

203 신법당파와 구법당파는 북송 신종神宗 초기 신종의 지원으로 부국강병의 신법을 통해 혁신정치를 단행한 왕안석(王安石, 1021~1086)의 신법을 지지한 당파로부터 신법당파 또는 신법파가 생겼고, 이를 반대하는 사마광司馬光 등의 계열에서 구법당파 또는 구법파가 생겼다. 신종 때는 왕안석의 신법 정책이 성공했으나, 신종이 죽고 철종哲宗이 즉위하여 선인태후宣仁太后가 섭정을 하게 되자 구법당이 정권을 잡아 혁신정책은 거의 폐지되었다. 그러다가 철종이 친정을 하게 되자 다시 신법당 관료들이 재기용되었으며, 휘종徽宗 초를 제외하고 북송 말까지 신법당파가 정권을 장악하였다.

204 김종서, 『신편 고려사절요』(상권), 민족문화추진회, 2004, p.437.

병부시랑 이자인李資仁은 등극을 축하하였다.[205]

고려에서는 의천이 송나라로 밀항으로 떠난 것에 대하여 정치적인 문제로 보지 않을 수 없었다. 그리하여 선종은 송나라에 사신을 보내기도 하였다. 이때 당연히 사신을 통해 의천의 문제를 거론하였을 것이다. 때는 의천이 송나라에 도착하여 송의 여러 사찰을 순행하고 있었을 무렵이었다.

고려 선종 2년(1085) 겨울 10월 을해일에 백좌도량百座道場을 회경전會慶殿에서 열어 『인왕경』을 3일간 강의하고 승려 3만 명에게 음식을 먹였다.[206]

백좌도량은 흔히 백고좌도량百高座道場이라 하는데, 인왕도량, 인왕경도량, 인왕백좌도량, 백고좌인왕도량 등으로 불린다. 이는 구마라집이 번역한 『불설인왕반야바라밀경』 2권을 소의경전으로 하여, 내란과 외침을 방어하고 물리치기 위하여 1백 개의 불상佛像과 1백 개의 보살상, 그리고 1백 개의 사자좌를 만들고, 1백 명의 법사를 초빙하여 『인왕반야경』을 강독하는 호국불교 의식이다. 선종이 연 3일간의 백좌도량에서 승려 3만 명에게 공양을 했다고 하니, 매우 큰 법회였음을 알 수 있다.

한편, 의천은 송나라에 도착하여 화엄종의 승려들과 토론을 하기도

205 김종서, 『신편 고려사절요』(상권), 민족문화추진회, 2004, p.438.
206 박시형, 홍희유, 『북역 고려사』(제1책), 신서원, 1962, pp.449~450.

하였다. 당시 송나라는 당 무종武宗 회창會昌의 법난法難과 오대五代의
병화兵火로 인해 전적典籍이 거의 산일散逸되던 때였다. 이때 의천이
고려로부터 가지고 온 지엄智儼의 『공목장孔目章』, 『화엄수현기華嚴
搜玄記』, 무성無性의 『섭론소攝論疏』, 『기신론의기起信論義記』, 현수
賢首의 『화엄의탐현기華嚴探玄記』, 『기신론 별기起信論別記』, 『법계무
차별론소法界無差別論疏』, 『십이문론소十二門論疏』, 『삼빈제장문三
賓諸章門』, 청량淸凉의 『정원신역화엄경소貞元新譯華嚴經疏』, 규봉圭
峰의 『화엄윤서華嚴輪貫』[207] 등은 송나라 불교계로서는 대단한 보배들
이었다. 그래서 송나라의 불교학승들이 모여들어 의천과 함께 공동으
로 토론을 하기도 하였다. 이것은 고려 국의 왕자의 신분이 아니면
할 수 없었던 역할이었다. 의천은 송나라에서 불교학승들을 친견하고
송나라의 불교학을 탐구하였다. 송나라의 불교계는 무창 시기에 탄압
을 받아 불교문헌을 수집하기에 힘이 들었는데, 의천이 가져온 전적으
로 말미암아 소진되었던 경전을 복원할 수 있는 기회를 마련하였다.
의천이 송나라에서 교류했던 승려의 수는 50여 명이라고 한다.

고려 선종 2년(1085) 11월 요에서 보정군절도사保靜軍節度使 소장
蕭璋과 숭록경崇祿卿 온교溫嶠 등을 보내와서 왕을 특진검교태사
겸 중서령 상주국 식읍 1만호 식실봉 1천호(特進檢校太師兼中書令上
柱國食邑一萬戶食實封一千戶)로 봉하고, 겸해서 면류관・거마・규
圭・인印・의대・채색 비단 등의 물품을 하사하므로 왕이 남교南郊에
나가서 책봉을 받았다.[208]

207 조명기, 「대각국사의 천태의 사상과 속장의 업적」, 예문서원, 2002, p.50.

요나라는 고려나 송나라와 친교의 관계를 유지하고 있었는데, 국가 간의 불교 교류에 대한 기록이 거의 없다는 점이 아쉽다.

특히 국사는 정원법사와 만나 『화엄경』, 『능엄경』, 『원각경』, 『기신론』 등의 사상과 천태와 현수의 교학에 대하여 토론하였다. 또한 자변慈辯대사와 영지사靈芝寺 원조율사元照律師와의 교유가 깊어 천태교관과 계율과 정토교학에 관하여 폭넓은 담론을 나누기도 하였다.[209]

의천은 송나라에 구법 활동을 하는 동안에 원하는 고승들을 다 만나보았다. 자변대사는 천태종 제17조인 사명지례의 뛰어난 제자 3명 가운데 한 명인 남병범진의 수제자로서 자변종간慈辯從諫을 말한다. 의천은 자변에게 천태종의 사상체계를 공부하고 나중에 고려로 돌아와 천태종을 창건하게 된다. 그리고 원조율사는 당나라 도선율사의 남산율南山律을 중흥시킨 율사로 『법화경』과 천태사상에 깊은 조예가 있었을 뿐만 아니라, 정토에도 조예가 깊어 『관무량수경의소』와 『아미타경의소』를 저술하기도 했으며, 앉아서 왕생한 고승이다. 원조율사의 이런 폭넓은 사상들을 의천은 솜이 물을 빨아들이듯이 흡수하였다. 그는 또한 송나라 황제의 명을 받아 불교에 관한 장소章疏를 구입하는 열정을 보였다. 송나라에서 유행하고 있는 경·율·논 삼장三藏에 대하여서뿐만 아니라 송나라에 전해졌던 신라 승려들의

---

208 김종서, 『신편 고려사절요』(상권), 민족문화추진회, 2004, p.439.
209 『의천 대각국사』, 대한불교천태종 총무원, 2001, p.11.

불서까지 수집하였다. 주목할 것은 의천이 송나라에 와서 원효의 저서를 보았다는 것이다. 원효의 저서를 수집하는 동안 의천은 원효대사에 대하여 깊이 감탄하지 않을 수 없었다.

> 고려 선종 3년(1086) 봄 정월 기미일에 왕의 외척外戚들인 예부시랑 이예李預의 아내 왕씨 등에게 상궁(尙宮: 女官名) 이하의 내직內職을 주어 왕태후의 궁宮의 관리를 삼고 녹봉을 차등 있게 주었다.[210]

이예李預는 문종 때 과거에 급제한 뒤 여러 관직을 거쳤다. 선종이 국원공國源公이 되어 이예의 딸에게 장가들었는데, 바로 정신현비貞信賢妃다. 연화궁주延和宮主를 낳았으며, 예종이 즉위하자 연화궁주를 비妃로 삼았다. 이예가 반역을 모의한 이자의李資義와 같은 일당이라는 이유로 파직되었는데, 손녀가 왕비가 되었기 때문에 왕이 그를 함원전含元殿으로 불러 만나보고는 술과 음식·의복·안마鞍馬를 내려주고 검교태위檢校太尉·형부상서·정당문학으로 임명하였다. 이예는 문장도 뛰어났는데, 그가 지은 「삼각산중수승가굴기三角山重修僧伽窟記」가 『동문선』에 수록되어 있다. 위 기사에서 보듯이 선종도 외척을 관리했는데, 이것은 바로 외척의 입김이 크다는 것을 반증해주고 있다.

고려 선종 3년(1086) 2월 왕의 누이동생인 적경궁주積慶宮主가

---

210 박시형, 홍희유, 『북역 고려사』(제1책), 신서원, 1962, p.450.

왕의 아우 부여후扶餘侯 수慘에게 시집갔다. 이보다 앞서 왕의
아우 금관후金官侯 비妃와 변한후卞韓侯 음愔, 진한후辰韓侯 유愉
등이 동성혼이라고 간하였으나 듣지 않았다.[211]

고려는 선종 3년에 왕실의 혼인 문제로 위기를 맞이하였다. 왕의
아우 부여후 수는 문종과 이자연의 딸인 인경현비 사이에 태어난
왕자였으므로, 문종과 이자연의 딸인 인예왕후의 장녀로 태어난 적경
궁주의 혼인은 부계로는 이복형제, 모계로는 이종사촌 간의 혼인이었
다. 변한후 음은 대각국사 의천과는 친형제 간이며, 진한후 유는
문종의 13째 아들이자 어머니가 인경현비이다. 당시 고려 사회는
친인척 간의 혼인이 금지되었던 모양이다. 그래서 왕자들이 간언을
했는데도 선종은 듣지 않고 그대로 실행하였다.

고려 선종 3년(1086) 윤 2월 갑인일에 다음과 같은 인원들을 요나라
에 파견했는데 위위소경衛尉少卿 최사열崔思說은 천안절天安節을
축하하고, 전중소감殿中少監 곽상郭尙은 토산물을 바치게 하고,
호부시랑 김사진金士珍은 요제遼帝가 왕의 생신을 축하해준 데에
대한 사례를 하였다.[212]

선종 3년에 요나라에 고려의 사절단을 보내 요나라 황제의 생일을
축하하였다. 천안절은 거란족인 요나라 황제의 생일을 말한다. 선종

---

211 김종서, 『신편 고려사절요』(상권), 민족문화추진회, 2004, p.439.
212 박시형, 홍희유, 『북역 고려사』(제1책), 신서원, 1962, p.451.

의 입장에서 본다면 외교적인 문제를 해결하기 위함이기도 했다.

> 고려 선종 3년(1086) 5월 병자일에 상서 예부시랑 최홍사崔洪嗣를
> 요에 보내어 낙기복落起復하여 준 데에 대하여 사례하고, 예빈경禮
> 賓卿 이자지李資智는 신정을 축하하고, 지중추원사 이자위李子威
> 는 책명冊命에 사례하였다. 그때에 요에서 압록강에다가 각장(榷
> 場: 국가에서 관리하는 시장)을 설치하려 하므로 또 고주사告奏使
> 한형韓瑩을 보내어 폐지하기를 청하였다.[213]

　선종은 왕자 출신인 의천이 송나라에 유학을 간 사실로 인하여 요나라와의 국가 간 협력이 무너질 것을 깊이 우려한 것으로 보인다. 이는 고려가 요나라와의 국가 간 관계를 어떻게 해결하는가에 대한 문제이기도 하였다. 고려와 요의 국가 간 분쟁이 발생하려는 위기를 맞이한 것이다.

제3절 의천의 송나라 구법활동

의천이 송나라에서 구법활동을 하고 있는 동안 왕은 고려를 떠나 송나라에 간 의천에게 귀국을 요청하기 위하여 송에 사신을 보내기도 하였다. 의천의 귀국을 요청한 이유는 요나라와의 국제적인 관계를 고려한 것이라 보인다. 왜냐하면 요나라가 왕자 출신 승려인 의천의 송나라 유학에 대하여 문제를 삼을 수도 있기 때문이다.

---

213 김종서, 『신편 고려사절요』(상권), 민족문화추진회, 2004, p.439.

송宋나라에 체류滯留한 지 14개월 동안 중국의 명산名山, 불적佛蹟
등을 두루 찾아보고 당시의 고승대덕高僧大德 50여 인을 만나서
법요法要를 담론談論하였다. 유성有誠, 정원淨源, 회연懷璉 등을
만나서 선禪의 본지本旨를 결탁하였고, 천길상天吉詳 등을 만나서
범학梵學에 대하여 강론講論하였다. 국사가 송으로 출국할 당시
많은 불교관계 전적을 가지고 갔기 때문에 항주에 많은 학승들이
모여들었고, 그 전적을 중심으로 뜻 깊은 토론을 전개하였다.[214]

의천은 송나라에서 구법활동을 하는 동안 불교서적 수집에 전념하
였다. 그래서 4,000권에 달하는 서적을 수집하기에 이른다. 송나라
시대에는 귀중한 책이 국외를 벗어날 수 없었다. 하지만 의천은 불서를
수집하여 고려로 이송하는 문제를 해결하였다. 의천이 송나라에 있는
동안에 고려에서는 모후가 아들을 그리워하는 마음이 너무도 간절하
여 의천의 귀국을 송나라에 부탁하기도 하였다. 이러한 소식을 접한
의천은 송나라에 더 이상 머물 수가 없었다. 그리하여 그는 고려로
귀국하려고 준비하기 시작하였다.

본국에서는 모후인 인예태후仁睿太后께서 국사가 외국으로 멀리
떠나가서 오래 있음을 염려하는 뜻이 너무나 간절하기 때문에
선종宣宗은 모후의 뜻에 순응하여 송나라 조정에 사신을 보내어
의천이 속히 귀국하도록 요청하였다.[215]

214 『의천 대각국사』, 대한불교천태종 총무원, 2001, p.12.
215 이제창, 「大覺國師 義天의 天台宗 開立」,(『한국천태사상』, 동국대학교 불교문

고려에서 국왕의 명에 의하여 의천의 귀국을 요청했다는 것은 송나라와 고려, 고려와 요나라와의 외교적 관계를 염려해서 이루어졌다는 점을 이해할 필요가 있다. 송나라 황제는 고려 국왕으로부터 온 의천의 귀국 요청을 의천에게 전해주었고, 의천은 송나라 황제의 명을 받아 고려로의 귀국을 준비하였다.

1. 의천의 천태사상 연구

의천은 송나라에서 중요한 불교사상을 학습하게 되는데, 바로 천태지자의 불교사상을 공부한 것이다. 이것은 의천의 불교사상에 새로운 전기가 된다. 당시 고려에는 화엄종, 법상종의 두 종파가 영향력을 행사하고 있었지만, 천태사상에 근거한 천태종은 없었다. 의천의 천태사상 공부는 이후 고려에 천태종이 세워지게 되는 토대가 된다.

　의천은 정원과 이별하고 천태산天台山 정광불총定光佛寵에 올라 지자대사智者大師 탑하塔下에서 천태교관天台教觀을 선양할 것을 서원하였고, 양걸楊傑과 천태종 산가파山家派의 사문 중립中立이 이를 기록하여 비석을 세웠다. 이는 의천이 화엄종 외에 천태종에 유념하였음을 의미한다.[216]

　화연구원, 1997), p.174.

216 박용진, 「대각국사 의천 연구」, 국민대학교 대학원 사학과 문학박사학위논문, 2004, p.33.

여기서 의천의 불교사상적인 변화의 모습을 알 수 있는데, 천태종에 대한 지대한 서원을 발원하기도 했다는 것은 그가 고려에 천태종을 전하는 것을 서원으로 삼기도 했다는 것을 의미한다.

의천은 선종 3년(1086)에 귀로에 오르면서 불교경전의 장소 3,000여 권을 구득하여 가지고 돌아왔다. 의천이 송에서 많은 도서를 구입하자, 소식蘇軾은 해외로 중국의 도서가 반출되는 것을 금하도록 주장한 일이 있었다.[217]

소동파 같은 영향력 있는 사람이 의천의 불교경전 반출 금지를 주장하기도 했다는 것은, 의천이 송에서 도서 구입에 얼마나 열성적이었는지를 단적으로 말해주고 있다.

국사는 체류한 지 14개월 동안 명산고적을 역방하고 고덕 50여인을 심방하여 불학을 빠짐없이 강론하고는 선종 3년(1086) 본국에 왔으며, 올 때에는 불교경전과 장소藏疏 3천여 권을 구득하여가지고 돌아왔다.[218]

의천은 고려로 가져온 전적을 통하여 새로운 불교학을 탐구하였다. 다음 〈표1〉은 의천이 송나라에 체류할 당시 만났던 고승들의 일람표

217 강남식, 「고려천태사상사의 연구」, 원광대학교 대학원 불교학과, 2001, p.77.
218 이제창, 「大覺國師 義天의 天台宗 開立」, 한국천태사상,동국대학교 불교문화연구원, 1997, p.174

이다.

〈표1〉 의천의 입송구법 시 교류 승려

종파	교류승려
화엄종	유정, 정원, 선총, 종청, 희중, 진인, 안현(희준, 지생, 도정, 복연)
천태종	종연, 원정, 중립, 번련, 우근, 변진(인악, 가구)
선종	종본, 요원, 회련, 법원(혜원, 정인)
계율종	택기, 원소, 중익
법상종	혜림, 선연
서천법학	천길상, 초덕
종파미상	희심, 수장, 증류, 구희, 덕민, 선영(희변, 이섭, 행단)

위의 종파와 승려들은 의천이 송나라에 있을 동안 친견했던 종파의
승려들이다.[219]

의천은 귀국 준비를 하는 동안에 천태지자의 탑이 있는 천태산으로
가서 서원을 세웠으며, 다시 운문종을 비롯한 선사들과 교류하였다.

천태산으로 가서 천태지자대사의 탑을 참배하고 탑 앞에서 발원문
을 봉정하며 본국에 돌아가 천태종지를 선양할 것을 서원하였다.
그리고 다시 명주 육왕광리사로 가서 운문종의 대각선사 회련을
찾아가 『선요禪要』에 대해 들었으며 영지의 대지를 찾아가 계법에

---

[219] 박용진, 「대각국사 의천 연구」, 국민대학교 대학원 사학과 문학박사학위논문,
2004, p.33.

대해 청문하였다.[220]

의천은 고려에 귀국하기에 앞서 천태산에 있는 천태지의의 탑에 참배하면서 천태종이라는 종파를 고려에 창종하려는 마음을 깊이 간직하고 있었던 것으로 보인다. 의천이 천태지자의 사상을 깊이 성찰한 것은, 고려에 이미 화엄종과 선종이 흥하고 있으나 의천의 마음 가운데는 항상 법화사상에 대한 갈증을 느끼고 있었던 것이 아닌가 한다. 이렇듯 의천은 천태지자를 연모하며 지자대사의 탑 앞에서 서원을 세우고 귀국길에 오르게 되었다.

5월초 의천은 천태산에서 명주로 갔고 여기에서 육왕 광리사에서 운문종의 대각회련大覺懷璉을 참방했는데 회련은 법좌에 올라 설법하고 시를 지어 전별하였다. 5월 12일에는 명주明州를 떠나 정해(定海: 절강성浙江省 주산舟山 일대)로 갔고, 20일에는 정해에 서 고려 조하회사朝賀回使의 배편으로 14개월여 동안의 입송 구법 을 마치고 귀국의 길에 올랐다.[221]

의천은 송나라에서 불교 유적지를 탐방하고 각 불교종파의 승려들 과 면담을 하기도 했으며, 고려에 귀국하여 천태종을 창건하려는 서원을 세웠다.

220 장희욱, 『의천의 천태종 개창 재고』, 예문서원, 2002, p.221.
221 박용진, 「대각국사 의천 연구」, 국민대학교 대학원 사학과 문학박사학위논문, 2004, p.33.

2. 의천의 귀국

대각국사는 귀국하여 선종에게 왕명을 어기고 송나라에 밀항한 잘못에 대하여 소를 올려 용서를 빌고 참회를 하였다.

고려 선종 3년(1086) 6월에 후煦가 송나라에서 돌아왔다. 과거에 후가 송나라에 도착하니 황제가 수공전垂拱殿에서 불러보고 빈객으로 예우하고 은총이 후하였다. 후가 사방에 다니면서 불법佛法 배우기를 청하자, 주객원외랑主客員外郞 양걸楊傑을 관반(館伴: 외국 사신을 접대하는 임시 책임자)으로 삼고 오吳나라의 여러 절에 가니, 맞이하고 전송하는 것이 모두 왕신(王臣: 천자의 사신)을 대우하는 예와 같았다. 왕이 표를 올려서 후를 돌려보내기를 청하였더니, 황제가 동국東國으로 돌아감을 허가하였다.[222]

의천이 귀국하게 된 것은 형인 선종이 송나라 황제에게 요청한 때문이었다. 의천이 귀국하지 않고 송나라에 있었다면 장차 요나라와 외교적인 문제도 발생할 수 있었겠지만, 또 다른 귀국 요청의 이유는 문종의 왕명에 의하여 창건한 흥왕사의 주지 직책을 맡기고자 하는 의도이기도 하였다. 이는 당시 고려에 있어서 흥왕사의 위치가 그만큼 중요하다는 것을 말해준다.

후가 예성강禮成江에 도착하자 왕이 태후를 모시고 봉은사奉恩寺

222 장희욱, 『의천의 천태종 개창 재고』, 예문서원, 2002, p.221.

에 나가서 기다렸는데, 그 맞이하는 의식의 융성함이 전고前古에
견줄 데가 없었다. 후가 불전佛典 및 경서 1천 권을 바치고 또
흥왕사에다가 교장도감敎藏都監을 설치하도록 아뢰어서, 요·송·
일본으로부터 서책을 구입하여 4천 권이나 되었는데, 모두 간행하
였다.[223]

의천은 귀국하여 선종에게 소를 올리고 참회를 했으며, 선종은
송나라에서 수집한 불교경전의 가치를 잘 알고 있었다. 그래서 흥왕
사에서 교장도감을 설치하도록 요청한 의천의 건의를 받아들였던
것이다.

5월 29일에는 예성강에 도착하여 「걸죄표乞罪表」와 「사방죄표謝
放罪表」를 올리고 봉은사에서 선종과 인예태후仁睿太后 등 백관을
조견하였다.[224]

1086년 5월 29일 의천이 귀국하였을 때 고려에서 국왕과 태후까지
기다리고 있었다는 것에서 의천의 역할이 얼마나 중요했던가를 짐작
할 수 있다.
의천은 고려에 귀국하여 국왕과 모후의 후원을 받았다. 왕의 허락을
받지 않고 몰래 송나라에 구법 유학을 간 것에 대한 질책을 받지

---

223 김종서, 『신편 고려사절요』(상권), 민족문화추진회, 2004, p.440.
224 박용진, 「대각국사 의천 연구」, 국민대학교 대학원 사학과 문학박사학위논문,
2004, p.33.

않았다. 오히려 극진한 예우를 받았을 뿐만 아니라 홍왕사 주지로
임명을 받은 것이다.

3. 흥왕사 주지 및 원효 선양

흥왕사의 주지가 된 이후 의천은 부왕이 창건한 홍왕사에 역사적
의미를 부여하였다. 의천은 송나라에서 수집한 경전에 대한 역사적
책무를 다하기 위해 홍왕사에 교장도감[225]을 설치하여 불서간행에
총력을 기울였던 것이다. 의천이 교장도감을 설치하고 경전을 간행함
에 따라 고려는 한 단계 더 높은 수준의 불교국가가 될 수 있었다.
의천은 본래 교장敎藏의 수집에 대한 서원이 있었다. 특별히 송나라에
서 천태지자의 사상을 섭렵하고, 원효대사의 전적을 송나라에서 접하
고는 원효대사를 숭상하는 마음이 간절하였다. 그래서 의천은 경주에
있는 분황사를 순행하여 원효의 존상 앞에서 서원을 세우기도 했으며,
그 지역에서 불서를 수집하기도 하였다.

---

225 교장도감敎藏都監은 고려시대 교장의 판각을 맡은 관청이다. 설립연도는 1086
년(선종 3)이고, 설립목적은 교장 간행이며, 주요 업무는 장경 판각이었다.
송나라에 다녀온 대각국사大覺國師 의천義天의 요청에 따라 홍왕사興王寺에
설치하였다. 교장 간행사업은 의천이 불서수집 여행을 마치고 돌아온 1091년부
터 시작되어 송·요遼·일본 등으로부터 구해 온 불서佛書로 교장敎藏이라 하는
1,010부部, 4,740여 권의 불전佛典을 조판彫版 및 인행印行하였다. 현존하는
교장도감 간행본으로 『대방광불화엄경수소연의초大方廣佛華嚴經隨疏演義鈔』
40권 이외에 20여 종이 있다. ─ ⓒ두산백과사전.

본국에 돌아온 국사는 부왕父王 문종文宗이 창건한 흥왕사興王寺 주지住持로 있으면서 천태학天台學을 조직組織하는 한편, 불교서적의 수집과 정비에도 힘써 요遼·송宋·일본 등 여러 나라의 불교전적을 널리 구입하였다.[226]

당시에 주지가 된다는 것은 그만한 업적과 명성을 얻어야만 될 수 있었다. 그런데 의천은 송나라에서 귀국하는 즉시 흥왕사 주지의 소임을 맡았으며, 이에 자신이 행할 수 있는 역할을 다하였다.

모년 월일에 법을 구하는 사문 아무개는 삼가 다과와 제철 음식을 갖추어 해동의 교주이신 원효보살께 바치옵니다. 삼가 생각하건 대, 이치는 교敎로 말미암아 드러나고 도는 사람에 의해서 넓어집니다. 풍속이 천박해지고 시대가 혼탁해서 이에 사람들이 떠나고 도가 상실되므로 스승은 이미 각기 자기 종파의 학습을 받들고 제자 또한 서로들 자기들이 보고 들은 것을 고집하게 되었습니다. 자은慈恩대사의 백본百本[227]의 이야기는 오직 명상名相에 얽매였고, 천태산天台山에서의 구순九旬의 설법[228]은 단지 이치로 관하는[229] 것만을 숭상했습니다. 비록 본받을 만한 글이라고는 할 수

---

226 『의천 대각국사』, 대한불교천태종 총무원, 2001, p.12.
227 백본百本은 현장玄奘에 이어 중국 법상종을 완성한 자은규기慈恩窺基가 여러 경론에 대한 주석서를 남겨 백본소주百本疏主라 불린다. 자은종(곧 법상종)의 가장 중요한 논서인 『성유식론』이 백 가지의 논을 종합한 것이라 한다.
228 천태 지의가 천태산에서 90일 동안 설법한 것을 말한다.
229 천태종에서는 현상을 관함(事觀)과 이치로 관함(理觀)을 말한다. 형계담연荊溪

있으나 아직 두루 통하는 가르침이라고 하기는 어렵습니다. 오직
우리 해동보살만이 성性과 상相을 원융하게 밝히시고, 고금을
조용히 묶어내어, 백가의 다른 다툼의 실마리를 화쟁하고 일대의
지극한 공론公論을 얻으셨습니다. 하물며 신통력은 헤아리기 어렵
고 미묘한 작용은 생각하기 어렵습니다. 세상과 함께 하셨으나
그 진면목을 더럽히지 않으셨고, 세상에서 활동하셨으나 그 본체
가 달라지지 않으셨습니다. 빛나는 이름은 중국과 인도에 떨치신
바 되었고, 자비로운 교화는 이승과 저승에 끼치신 바 되었으니,
(교화를) 도와서 드날린 업적은 참으로 비겨 의론하기 어렵습
니다.[230]

위 인용문은 의천이 쓴 「분황사 원효성사 제문」의 앞부분이다.
여기서 의천은 원효성사 앞에서 원효를 원효보살 또는 해동보살이라
고 극히 높여 부른다. 이렇게 원효는 의천에 의하여 다시 소생하게
된다. 의천이 원효를 보살로 칭한 것은 송나라에서 원효의 저서를
수집했던 것이 계기가 되었다. 원효가 오늘날까지 우리 민족의 위대한
성사로 존경받는 것도 의천에 의하여 원효가 새로이 조명되었기
때문이다.

湛然은 『지관의례止觀義例』에서 『점찰경』을 인용하여 유식관唯識觀과 실상관實
相觀을 말하였다. 유식관은 삼성三性에 맡겨 실상의 이치에 이르게 하는 사관이
고, 실상관은 실상을 통달하여 관하는 이관이라 하였다. 사관은 삼라만상의
차별된 현상을 관조하는 것이며, 이관은 생함이 없는 평등한 이치를 관조하는
것을 말한다.

230 동국역경원, 『大覺國師文集』(外), 2001, p.155.

의천은 흥왕사 주지로 있으면서 화엄의 강학은 물론이요, 요·송·일본·신라·해외로부터 장소章疏들을 4,000여 권을 수집하여 교장도감을 두고서 간행하니, 이것이 곧 그가 단행한 속장경이다. 이 속장경을 조직적으로 하기 위하여 먼저 그의 목록서인『신편제종교장총록』3권을 선종 7년(1090)에 작성하였다.[231]

의천은 흥왕사의 주지로 부임하면서 교장도감을 설치하여 경전과 장소를 간행하는 데 최선을 다하였다. 이를 위하여 그는 송나라·요나라·일본·신라 등에 전해졌던 승려들의 저작을 수집하는 데 더욱더 힘을 다하였다.

의천의『교장총록敎藏叢錄』편찬은 불법 홍포의 의지를 담은 교장敎藏의 정리라는 측면 이외에도 국가적 불교의 입장에서 제종諸宗의 교장을 중앙집권화하여 체계화했던 데 그 의미를 찾을 수 있다. 이는 국가적 관념에 합치하는 교장의 입장入藏이라는 측면과 화엄종을 중심으로 한 일정한 종파의 관점에서『교장총록』편찬이었다.[232]

의천은 흥왕사 주지로서의 소임을 충실히 하기 위하여 송나라에서 수집해왔던 불서에 대한 간행을 결행하였다. 이를 위해 흥왕사에

231 강남식,「고려천태사상사의 연구」, 원광대학교 대학원 불교학과, 2001, p.78.
232 박용진,「대각국사 의천 연구」, 국민대학교 대학원 사학과 문학박사학위논문, 2004, p.43.

많은 대중 승려들이 집결하였을 것이다. 이러한 불사를 통해 고려불교가 다시 흥하는 계기가 되었음을 충분히 짐작할 수 있다.

국사는 요·송·일본 등지에서 구득求得한 4천여 권의 장소를 간행하고자 하여 국왕에게 원하여 흥왕사에 교장사教藏司를 설치하여 출판을 시작하고, 그 목록인『신편제종교장총록新編諸宗教章總』3권을 작성했다.[233]

의천은『신편제종교장총록』3권을 작성했는데, 이러한 역할은 고려에 전해졌던 불교학을 후대에게 바르게 전하기 위함이라고 보아야 한다.

경·율·논 삼장은 여러 가지 석존의 교설을 담은 문헌들의 총체적 집합이다. 삼장에서는 깨달음의 깊은 의미들을 수록되어 있지만 글이라는 한계성이 지역, 시간, 개인의 이해도에 다라 다르게 나타나는 경우가 발생하였다.[234]

인도에서 발원한 불교가 다른 나라들에 전해지는 데 있어서는 각 나라마다 다르게 나타날 수 있다. 그것은 그 나라의 문화와 풍토가 다른 면도 있지만, 경전에 대한 해석의 관점, 즉 해석학이 다르기

233 조명기,「대각국사의 천태의 사상과 속장자의 업적」, 예문서원, 2002, p.52
234 최애리,『신편제종교장총록의 편성체계 연구』, 동국대학교 대학원 불교학과 석사학위 논문, 2006, p.6.

때문이다.

『교장총록』에서는 경·율·논 삼장에 대한 대승불교권 전체의 장소
章疏들을 배열하기 위하여 특별한 방법의 분류체계, 즉 표목을
사용하고 있다고 볼 수 있다. 즉 의천은 자신이 몸소 수집한 신라와
중국, 거란, 일본 등지에서 논술된 1,010부 4,857권이나 되는
방대한 장소들을 배열하는 데 있어서 각 장소의 피연구 주제라
할 수 있는 경전명(예컨대 화엄경, 열반경, 범망경, 대승기신론 등)
아래에 해당 장소를 한꺼번에 밀접시키는 방법을 사용하고 있다고
볼 수 있다. 다시 말하여 의천의 각 장소의 피연구 주제 불전의
서명을 그 주제명으로 보고 있다. 동시에 이 주제명을 전제 장소를
분류하는 데 있어서의 표목의 준거로 삼고 있다.[235]

의천은 속장경 목록을 편성하는 데 있어서 송나라, 요나라, 일본에
서 수집했던 경집류의 목록을 별도로 작성하였다. 이러한 작업은
많은 수의 승려들을 필요로 하였다. 개성 안에 있는 사찰의 승려들만
하더라도 3만 명이 넘었다고 한다. 의천은 특히 법상종의 종찰인
헌화사 승려들을 활용하였을 가능성도 크다. 다시 말해 의천으로
대표되는 화엄종의 승려들과 헌화사의 법상종 승려들이 결합하여
작업을 진행하였을 것으로 보인다.

---

235 김성수, 『신편제종교장총록의 저록에 관한 연구』(도서관 학론집, 1997, 26.
여름호), p.7.

제4절 의천의 교장도감 설치와 고려장경

1. 의천의 고려불교 중흥

의천이 송나라에서 고려에 귀국하여 국왕과 모후를 친견했을 때 이미 그들은 의천에게 부여할 수 있는 직책을 마련해 놓고 있었다. 바로 홍왕사 주지직 임명이었다. 의천으로서는 홍왕사의 주지 직책을 얻음으로써 그가 하고자 했던 바를 수행할 수 있었다.

고려 문종 시대 의천이 출현하여 문벌귀족과 결탁된 불교세력에 대한 자각, 나아가 고려왕실의 가장 암적인 존재인 문벌체계에 대하여 왕권강화의 계기를 마련하고자 하였다. 의천의 왕권강화에 부흥한 일련의 노력은 광범위한 경전의 섭렵을 통한 속장경의 교판과 천태종의 개창으로 나타나며, 내적으로는 원효의 계승을 자처함으로서, 대외적으로는 송에 유학하여 흡수한 다양한 불교를 통해서 그 이념적 기반을 찾으려고 하였다. 이러한 노력과 병행하여 의천은 기존의 보수적 성향을 띤 불교계에 대한 자각과 반성을 추구하면서 불교통합을 시도하기도 하였으니, 심지어 그의 출신 종파였던 화엄종과 대립하기도 하였다.[236]

고려 교장도감의 규모에 대하여 알 수 없지만, 교장도감에 대한

---

236 蔡尙植, 「고려후기 불교사 연구」 −백련결사, 일연, 체원의 불교사적 성격−, 서울대학교 대학원 국사학과 박사학위 논문, 1987, p.14.

시설과 준비를 위해서는 특히 문자에 밝은 승려들이 필요하였다. 당시에 출가 승려가 많았던 것을 감안한다면 적어도 화엄종의 승려들만이 아니라 다른 종파의 승려들도 참여했을 것이다. 교장도감에 참여한 승려들이 어느 종파에 속하는지, 그리고 그 인원과 규모는 어떠한지에 대하여서는 자료의 부족으로 연구하지 못하였다. 선종은 의천을 홍왕사 주지로 임명한 것을 기회로 나라에 정치력을 행사하기 위하여 왕에게 밀서로 의견을 보내라고 하였다. 당시 고려의 가장 큰 문제는 전 국토에 대한 가뭄을 해결하는 것이었다. 선종은 천재지변인 가뭄이 자신의 덕행 부족이라고 하는 겸손함을 보였다.

고려 선종 3년(1086) 가을 7월 병인일에 왕이 다음과 같이 조서를 내렸다. "여러 신하들이 제출한 의견서를 보건대 대다수가 민간풍속이 사치한 생활을 숭상하고 있는데 이에 대하여 제재가 없다. 해당 관청에서는 재상들, 모든 학사들, 사헌부 장관들과 함께 선대 임금들이 제청한 법전에 근거하여 품위에 따르는 의복, 거마車馬 제도를 참작 결정하여 나에게 보고하라."[237]

선종은 자신이 결행한 의견서를 접수하고 그에 따르는 문제점을 해당 관청에 전해 시행하도록 하였다.

고려 선종 3년(1086) 8월에 합문에서 국가 원로를 위로하는 잔치를 내렸다. 대가大駕가 구정毬庭에 거둥하여 친히 서민의 남녀 늙은이

---

[237] 박시형, 홍희유, 『북역 고려사』(제1책), 신서원, 1962, p.452.

에게 잔치를 베풀어 주고 물품을 차등 있게 하사하고, 질병을
앓는 자에게는 별도로 주식酒食을 급여하였다.[238]

선종은 백성들에게 문종이 시행하던 정책을 그대로 실천하려고
했는데, 특히 노인들에 대한 예우를 중시하였다. 또한 문종이 실천했
던 불교정책을 그대로 행했는데, 이것은 바로 고려사회의 전반적인
변화를 예고하는 면이 없지 않았다.

고려 선종 3년(1086) 겨울 11월 임술일 왕이 친히 기도를 하여
눈 내리기를 빌었다. 무진일에 팔관회를 열고 왕이 법왕사로 갔다
가 그 길로 신중원神衆院에 갔다.[239]

선종 3년 11월에 눈이 내리지 않아 눈이 내리도록 기도를 했는데,
당시엔 자연재해에 대해서도 왕이 책임을 지고 기도와 같은 형식을
통해서 해결책을 찾고자 하였다. 또한 팔관회를 열고 신중원에 행차하
는 것들도 모두 정치적인 공식의례였다.

1) 의천에 의한 속대장경 간행

고려 선종 4년에 속대장경이 완성되었다. 물론 속장경은 전체 불교경
전 가운데 일부분일 뿐이다. 따라서 의천은 장경을 계속하여 발간하고
있었다. 대장경을 간행하는 데 참여했던 승려들이 어느 교단의 승려들

---

238 김종서, 『신편 고려사절요』(상권), 민족문화추진회, 2004, p.441
239 박시형, 홍희유, 『북역 고려사』(제1책), 신서원, 1962, p.453.

인지는 기록되어 있지 않다. 하지만 당시 고려불교 교단의 상황을 감안하면 상당수가 화엄종과 법상종의 승려들이었을 것이다. 참고로, 의천이 송나라에서 귀국하여 주지가 된 흥왕사는 화엄종 승려들이 1천 명 이상이 거주하고 있었다.

고려 선종 4년(1087) 2월 갑오일에 왕이 개국사開國寺에 가서 대장경의 완성을 경축하였다. 정유일에 연등회를 열고 왕이 봉은 사에 갔다.[240]

의천이 대장경을 완성하자 선종이 경축을 했다고 한다. 고려에서 대장경 간행 사업은 당시 고려불교가 상당히 성숙해 있었음을 여실히 보여주는 사건이다.

고려 선종 4년(1087) 3월 병진일에 왕이 구산사龜山寺에 가서 승려들에게 대중공양을 하였다. 기미일에 왕이 흥왕사에 가서 대장경의 완성을 경축하였다.[241]

의천은 흥왕사에서 발간한 속장경을 요나라에 보냈다.

고려 선종 4년(1087) 3월에 대각국사 의천은 속장경의 간행사업을 진행하였고, 대장경의 일장—藏을 요나라에게 보내주기도 하

---

240 박시형, 홍희유, 『북역 고려사』(제1책), 신서원, 1962, p.454.
241 박시형, 홍희유, 『북역 고려사』(제1책), 신서원, 1962, p.454.

였다.[242]

요나라에 대장경을 보낸 것은 당시 국가 간에 불교 교류가 왕성했다는 일면을 보여주기도 하고, 한편으로는 국제정치적인 상황을 염두에 둔 문화외교이기도 한 측면을 보여주기도 한다. 즉 이제 고려는 독자적인 대장경을 갖춘 대국이라는 문화적 우월성을 은근히 과시하려는 의도가 깔려 있다고 본다.

고려 선종 4년(1087) 4월 경자일에 왕이 귀법사에 가서 대장경의 완성을 경축하였다. 을사일에 금강경도량을 건덕전에 베풀고 7일간 비를 빌었다. 무진일에 비를 빌었다.[243]

선종이 귀법사에 간 것은 대장경의 완성을 경축하기 위함이었으며, 금강경독송회를 7일간 가졌다는 것에서 선종禪宗 승려들과 함께했다는 것을 짐작할 수 있다.

고려 선종 4년(1087) 9월 무인일에 흥국사興國寺에 연등도량을 베풀고 궁성宮城 안팎 거리에는 등불을 켰다.[244]

---

242 토니노 푸지오니, 「고려시대 법상종교단의 추이」, 서울대학교 대학원 국사학과 문학박사학위 논문, 1996, p.68.

243 박시형, 홍희유, 『북역 고려사』(제1책), 신서원, 1962, p.455.

244 박시형, 홍희유, 『북역 고려사』(제1책), 신서원, 1962, p.457.

선종은 등불을 켜고 불공을 올리며 왕실과 백성의 안녕을 위하여
축원을 하였을 것이다. 연등도량이 이루어지는 흥국사와 등불이 밝혀
진 궁성 안팎의 전경은 바로 고려가 불교국가임을 드러내는 상징적
모습이다.

고려 선종 4년(1087) 겨울 10월에 왕이 관풍정觀風亭과 구제궁九梯
宮에 유람하고 드디어 영명사永明寺에 거둥하여 분향焚香하였다.
용선龍船을 타고 대동강에 이르러 밤이 되어서 돌아왔다.[245]

선종이 평양에 있는 영명사를 방문하여 분향을 했다는 기사이다.

고려 선종 4년(1087) 겨울 임진일에 팔관회를 열고 왕이 영봉루靈鳳
樓 부계浮堦에 올라 음악을 감상하고 그 길로 흥국사에 갔다.[246]

선종이 지난 9월의 연등행사에 이어 팔관회를 열었다고 나오는데,
장소는 어디인지 밝혀져 있지 않지만 아마 수도인 개경이었을 것이다.

고려 선종 4년(1087) 겨울 10월 홍복사(弘福寺: 평양에 있음)·인왕
사(仁王寺: 평양에 있음) 두 절에 거둥했다가 드디어 제연梯淵에
가서 다락배를 타고 술자리를 베풀고, 흐름에 따라 대동강에 이르
러서 활 쏘는 것을 보았다.[247]

245 김종서, 『신편 고려사절요』(상권), 민족문화추진회, 2004, p.443.
246 박시형, 홍희유, 『북역 고려사』(제1책), 신서원, 1962, p.457.

개경에 궁성을 둔 선종이 평양에 있는 절을 방문한 기사이다.

고려 선종 4년(1087) 10월 개경에서는 회경전에 백좌도량을 설치
하고, 승려 3만 명에게 공양을 하였다.[248]

개경에 있는 회경전에서 백좌도량을 설치하고 승려들 3만 명에게
공양을 했다고 한다. 이를 통해 볼 때 이 시기에 불교행사가 얼마나
많았는지 알 수 있다. 불교국가로서는 당연한 일이었을지 모르나,
이러한 잦은 불교행사는 나중에 역으로 고려의 불교가 쇠퇴하는
결과를 초래하고 말았다.

고려 선종 4년(1087) 12월 최석崔奭을 수태위판상서이부사감수국
사守太尉判尙書吏部事監修國史로, 김량감을 수태위守太尉로, 유홍
을 수사공守司空으로, 최사량崔思諒을 수국사修國史로, 문황文晃
을 지중추원사知中樞院事로, 이자위李子威를 동지중추원사同知中
樞院事로 삼았다.[249]

대장경이 완성된 해인 12월에 선종은 관료들을 새로 임명하였다.

고려 선종 5년(1088) 봄 정월 초하루 기축일에 정조 축하의식을

---

247 김종서, 『신편 고려사절요』(상권), 민족문화추진회, 2004, p.443.

248 박시형, 홍희유, 『북역 고려사』(제1책), 신서원, 1962, p.458.

249 김종서, 『신편 고려사절요』(상권), 민족문화추진회, 2004, p.443.

정지하였다.[250]

선종 5년 봄에는 초하루 정조 축하의식(신년 하례행사)을 생략하였다. 이것은 선종의 결단일 수도 있지만 선종에게 신변의 변화가 있었던 것으로 볼 수도 있다.

고려 선종 5년(1088) 2월에 요에서 압록강 언덕에 각장榷場을 설치하기를 논의하므로, 중추원부사中樞院副使 이안李顔을 불경佛經을 간수하고 분향하는 사신(藏經燒香使)으로 가장해 귀주(龜州: 지금의 평안북도 구성시)에 보내어 비밀히 국경 일을 대비하게 하였다.[251]

각장榷場이란 고려 시대 보주保州[252]에 개설되어 거란, 여진과 무역

---

250 박시형, 홍희유, 『북역 고려사』(제1책), 신서원, 1962, p.458.
251 김종서, 『신편 고려사절요』(상권), 민족문화추진회, 2004, p.444.
252 보주保州라는 지명은 학계에서 통상적으로 지금의 평안북도 신의주시와 의주군 일대를 가리킨다고 주장되어 왔다. 그런데 송나라 인종仁宗 때인 1040년에 만들어진 병서兵書인 『무경총요武經總要』에는 보주에 대해 "발해 옛 성이다. 동쪽으로 압록강 신라 국경을 두드려 교장榷場을 설치하고, 시장에서 서로 소통하였다. 동남쪽으로 선화군宣化軍까지 40리이고 남쪽으로 바다(海)까지 50리이며, 북쪽으로 대릉하大陵河까지 20리이다(保州 渤海古城 東控鴨綠江新羅 國界 仍置榷場 通互市之利. 東南至宣化軍四十裏 南至海五十裏 北至大陵河二十 裏)"라고 설명하고 있다. 이를 근거로 일각에서는 고려 때까지만 해도 보주와 가까운 압록강이 대릉하 동쪽에 있던 요하遼河라 주장하기도 한다. 만약 이것이 사실이라면 고려의 영토는 요동반도를 거의 포함한다. 그렇다면 고려의 역사도

을 하는 시장을 이르던 말이다. 요나라에서 압록강 언덕에 각장을 설치하자는 논의는 고려와의 무역을 활성화하자는 것으로 생각할 수 있으나, 고려에서는 요나라가 숨은 의도가 있지 않나 의심하여 불교의례를 하는 사신을 가장하여 요나라의 동태를 살피게 하였다.

고려 선종 5년(1088) 3월 기유일에 중서시랑 평장사 류홍과 우승선 고경高景에게 명령하여 전성甄城에서 기도를 하게 하였다. 이는 전부터 내려오던 제도를 복구한 것이었다.[253]

선종 5년에 가뭄이 심하여 전부터 가뭄이 들면 기도하는 터에서 기우제를 지냈다는 기록이다.

고려 선종 5년(1088) 여름 4월에 가뭄이 심하므로 법가法駕를 갖추고 백관을 거느리고 남교南郊에 나가서 두 번 기우제祈雨祭를 지내고, 육사六事로써 자책하기를 "정령이 한결같지 않았던가. 백성이 그 직을 잃었음인가. 궁궐이 장엄했던가. 총애하는 여자의 간청함이 많았던가. 뇌물 꾸러미가 나돌았던가. 참소하는 사람이 성했던가" 하고 동남동녀童男童女 각 8명을 춤추게 하여 비오기를 빌었다. 정전正殿을 피하고 반찬 가짓수를 줄이며 풍악을 철폐하고 바깥에 앉아서 정무를 보았다. 골목과 저자(市)에는 사람들의

다시 쓰여야 할 것이다. 하지만 현재로선 그 진위를 밝혀내기가 어려운 것도 사실이다.

253 박시형, 홍희유, 『북역 고려사』(제1책), 신서원, 1962, p.459.

152

모자 쓰는 것과 부채질하는 것을 금하고, 또 종묘·사직·산천에
기도하였다.[254]

당시에 고려 전체가 가뭄이 심했던 모양이다. 그래서 전통적으로
내려오는 기우제를 지내고 동시에 근검절약하는 기풍을 조성하고자
노력한 모습을 기록하고 있다.

고려 선종 5년(1088) 5월에 조서를 보내 일렀다. "짐의 덕이 밝지
못하여 황천皇天이 꾸지람을 내려 3개월이나 비가 오지 아니하니
벌벌 떨리도록 두렵도다. 이것은 혹시 중외의 옥獄에 생재眚災가
있는 것이 아닌가. 가벼운 죄수는 아울러 모두 용서하라"고 하
였다.[255]

왕은 비가 오지 않음을 자신이 부덕한 탓이라 여겨 감옥에 있는
죄수들을 석방하기도 하며 선행을 베풀었다.

고려 선종 5년(1088) 11월에 김선석이 요에서 돌아왔는데 황제의
조서(詔)에 "여러 차례나 글을 올려서 각장을 정지하도록 청하니,
이것은 사소한 일인데 어찌 번거로운 말이 필요한가. 근일에 편의
를 논의하여 보겠노라. 하물며 아직 창설하지도 않았음이랴. 안정
하기를 힘써 진정을 다 털어 보이니, 그대의 깊은 의심을 풀고

254 김종서, 『신편 고려사절요』(상권), 민족문화추진회, 2004, p.445.
255 김종서, 『신편 고려사절요』(상권), 민족문화추진회, 2004, p.445.

나의 지극한 뜻을 알지어다"라고 하였다.[256]

고려와 요나라가 상호 국경문제를 인정하고 평화스럽게 지내자는 내용의 글을 요나라에서 고려에 보내왔다.

고려 선종 5년(1088) 12월 요나라에서 사신을 파견하여 양羊 2천 구口, 수레 23대, 말 3필을 선사하였다.[257]

요나라에서 고려에 사신과 함께 많은 선물을 보내왔다. 이로써 요나라가 고려에 대해 예우를 했다는 것을 알 수 있다. 고려와 요나라가 상호 동등하다는 것을 말해준다.

고려 선종 6년(1089) 봄 정월에 신흥창新興倉의 곡식을 풀어 경성京城의 여러 절에 보시하여 재齋를 베풀어 복을 빌었다.[258]

고려 선종 6년에는 백성들을 위하여 곡식을 풀어 백성들과 여러 절에 공양을 했는데, 이 해에 고려는 가뭄이 들어 백성들이 고통을 당하고 있었다. 그에 따라 백성들에게 곡식을 나누어주었다.

고려 선종 6년(1089) 3월 경인일에 능엄경도량을 경덕전에 베풀어

---

256 김종서, 『신편 고려사절요』(상권), 민족문화추진회, 2004, p.445.
257 박시형, 홍희유, 『북역 고려사』(제1책), 신서원, 1962, p.463.
258 김종서, 『신편 고려사절요』(상권), 민족문화추진회, 2004, p.446.

7일간 계속하였다.[259]

『능엄경』을 봉독하는 법회를 7일간이나 실시했다는 것은 이때 이미 『능엄경』이 고려에 유포되었다는 것을 말하고 있다. 이 경이 정확히 언제 우리나라에 들어왔는지는 명확하지 않으나 선종 이전부터 『능엄경』을 연구하는 고려 승려들이 있었던 것만은 분명한 것 같다. 능엄경도량은 『능엄경』을 소의경전으로, 특히 능엄주楞嚴呪를 외우면서 행하는 법회의식으로 능엄회楞嚴會라고도 한다. 이때 법회를 의천이 주관했다는 설이 있으나 명확한 근거자료가 없어 실증하기는 어렵다.

고려 선종 6년(1089) 여름 5월에 가뭄으로 저자거리(巷市)에 노출된 해골들을 묻어 주었다.[260]

죽은 해골들이 도처에 널려 있었다는 것은 당시 고려에 얼마나 심한 가뭄이 들었는가를 보여준다.

고려 선종 6년(1089) 겨울 10월에 회경전會慶殿에서 3일 동안 『인왕경仁王經』을 강講하고 승려 3만 명에게 음식을 먹였다.[261]

---

259 박시형, 홍희유, 『북역 고려사』(제1책), 신서원, 1962, p.463.
260 김종서, 『신편 고려사절요』(상권), 민족문화추진회, 2004, p.446.
261 김종서, 『신편 고려사절요』(상권), 민족문화추진회, 2004, p.446.

승려들 3만 명에게 공양했다는 것은 지금 봐도 대단히 큰 규모이다. 당시 개경 승려의 수가 거의 3만이라 하니, 개경에 거주하는 승려들 거의 모두에게 공양을 한 것이 된다. 즉 당시 화엄종, 선종, 법안종, 법상종 등 여러 종파에 소속된 모든 승려들에게 공양한 것으로 볼 수 있으며, 이는 왕실에서 불교계 각 종파에 대한 평등성을 강조하는 것이기도 하지만 각 종파들이 운영하고 있는 사찰과 승려들에 대한 통치력을 강화하기 위한 조치이기도 하였다.

> 고려 선종 6년(1089) 겨울 10월에 새로 주조한 13층 황금탑을 회경전에 안치하고 경찬회慶讚會를 베풀었다.[262]

황금탑 13층을 회경전에 건립하고 경찬회를 열었다. 탑을 세우는 것은 법화경과 관련이 있는 신앙이다. 고려 선종 6년에는 법화신앙을 수용하려고 했는데, 여기에는 의천의 역할이 있었다고 보아야 한다.

2) 의천 모후의 국청사 창건

의천의 모후도 국청사國淸寺라는 사찰을 창건했는데, 이것은 의천이 어머니인 인예태후仁睿太后에게 청원하여 이루어진 불사였다. 국청 사는 인예태후의 원찰願刹이자 천태종의 종찰宗刹이 되었으며, 태후 의 영정을 모신 진전眞殿이 있어 이후로도 고려의 왕들이 자주 찾았고, 태후의 원으로 조성된 황금 13층 석탑이 1104년(숙종 9)에 이곳에

---

262 박시형, 홍희유, 『북역 고려사』(제1책), 신서원, 1962, p.464,

봉안되었다. 왕후가 사찰을 창건한다는 것은 불교국가에서 그럴 수 있다고 생각할 수 있지만, 왕후까지도 원찰을 소유하고 있다는 것은 또한 드문 일이 아닐 수 없다.

고려 선종 6년(1089) 겨울 10월 신유일에 왕태후王太后가 국청사國清寺를 창건하였다.[263]

선종 6년에 왕태후가 천태종의 종찰이 될 국청사를 창건한 것은 의천의 불사를 지원하려고 했던 면도 있지만, 법상종은 이자연의 후원을 받고 있던 사찰이기에 자신도 불심을 통한 영향력이 있음을 보여주기 위함이라고 본다.

고려 선종 6년(1089) 12월 수사공 류홍柳洪의 새 저택이 완공되었다. 왕이 대복경大伏卿 이자의를 시켜 류홍에게 왕의 명령으로 은그릇, 비단 및 말안장과 마필을 주게 하였다.[264]

이자의李資義는 중서령中書令과 문하시중을 지낸 이자연李子淵의 손자이며, 문하시중을 지낸 이정李顗의 아들로서 왕의 외척이다. 그는 이 당시만 해도 왕의 심복으로서의 역할을 수행하고 있지만, 이후 외척의 권세를 이용하여 왕권까지도 위협하게 된다.

---

263 박시형, 홍희유, 『북역 고려사』(제1책), 신서원, 1962, p.464,
264 박시형, 홍희유, 『북역 고려사』(제1책), 신서원, 1962, p.464,

고려 선종 7년(1090) 기축일에 예빈성(禮賓省: 고려 전기에 외국의
빈객을 맞이하고 접대하는 일을 맡아보던 관청)에서 탁라구당사乇羅
句當使[265]의 보고에 근거하여 왕에게 아뢰기를 "성주(星主: 탐라국
왕)였던 유격장군游擊將軍 가량잉加良仍이 죽고 그의 동복아우
배융부위陪戎副尉 고복령高福令이 그 뒤를 이었사온데, 부의賻儀
물품을 전례에 의하여 보내는 것이 어떻겠습니까"라고 하니, 왕이
이를 승인하였다.[266]

지금의 제주도인 탐라에 관한 고려 시대의 정책을 담은 기록이다.
탐라는 고려 초기인 태조 21년(938) 12월에 태자 말로末老가 고려에
사신으로 가 왕자王子·성주星主 직을 다시 제수 받은 이래로 반半독립
국(藩國) 상태에서 탐라국왕인 성주星主에 의해 자치적으로 지배되고
있었다. 이는 숙종 10년(1105) 탐라 국호가 폐지되고 군郡이 설치될
때까지 계속되었다. 이 기간 동안 고려는 단지 탐라국 왕족에게 무산계
武散階를 수여하거나 구당사句當使를 파견하여 행정상의 연락만을
취하게 하는 등 간접적으로 통치권을 행사하였다.

고려 선종 7년(1090) 봄 보제사普濟寺 수륙당水陸堂에 화재가 발생
하였다. 이에 앞서 왕의 사랑을 받는 섭호부랑중 지태사국사知太史

265 구당사句當使는 고려시대 여러 진津·도渡를 관리하던 지방 외직外職의 하나였
   다. 탁라구당사는 탐라구당사耽羅句當使라고도 하는데, 탐라 곧 제주를 관리하
   는 일을 맡은 관직이다.
266 박시형, 홍희유, 『북역 고려사』(제1책), 신서원, 1962, pp.465~456,

局事 최사겸崔士謙이 송나라에 가서 「수륙의문水陸儀文」을 구해온 일이 있었는데 왕에게 이 수륙당을 짓자고 하여 공사를 마치기도 전에 화재가 났다. 사신史臣이 말하였다. "아첨쟁이 벼슬아치가 왕에게 아첨하여 총애를 구해 하늘이 경고함인가. 옛날에 양梁나라 무제武帝가 동태사同泰寺 부도浮屠를 영건하여 겨우 완성되자마자 화재가 일어났으니, 하늘과 인간의 감응함이 예나 지금이나 똑같다. 세상에 불교의 화복설禍福說에 의혹된 자가 이것을 보면 또한 거울삼아 경계될 것이로다."[267]

고려 때의 불교는 양무제의 고사를 들어 설명하는 면이 종종 있는데, 보제사 수륙당에 화재가 난 것도 양나라의 고사를 들어 설명을 하고 있는 것을 볼 수 있다. 사초史草를 쓰는 관리인 사신史臣의 평가는 당시 과도한 불사에 대한 비판의 의미가 은근히 담겨 있다고 봐야 할 것이다.

고려 선종 7년(1090) 가을 7월에 호부상서 이자의李資義와 예부시랑 위계정魏繼廷을 송나라에 파견하여 우리나라에 베푼 은혜에 사의를 표하는 동시에 공문을 전달하였다.[268]

이자의李資義는 선종의 3번째 부인인 원신궁주(元信宮主: 평장사 이정李頲의 딸)의 오라버니로 이자연李子淵의 손자이며, 이자겸과는

267 김종서, 『신편 고려사절요』(상권), 민족문화추진회, 2004, pp.447~448.
268 박시형, 홍희유, 『북역 고려사』(제1책), 신서원, 1962, p466.

사촌간이다. 그는 선종이 살아있을 때만 해도 왕의 사신으로 송나라에
도 파견되는 등 외척으로서 국정을 보필했으나, 뒤로는 재물을 탐내고
무뢰배 중 날쌔고 용맹 있는 자를 모아서 말타기, 활쏘기를 일삼다가,
선종이 자신의 11세 아들(14대 헌종)에게 왕위를 물려주고 붕어하자
누이인 원신궁주의 아들 한산후 왕윤을 차기 왕으로 내세우려고
역모를 꾸미는 일을 저지른다.

고려 선종 7년(1090) 8월 신해일에 우박이 내리고 시서항市西巷의
사람과 말에 벼락이 떨어졌으며, 또 건릉乾陵의 소나무와 도성都城
동북쪽 산 소나무에도 벼락이 떨어졌다. 태사太史가 아뢰기를
"『서상지瑞祥志』에 우뢰와 번개가 사람을 죽이고 육축六畜을 상하
게 하며, 구릉과 수목을 깨뜨리는 것은 임금이 형벌로 사람을
죽일 때에 정당한 도리를 벗어나 참소를 받아들여 억울하게 베어
죽였기 때문인데, 바로잡지 아니하면 반드시 폭도가 일어날 걱정
이 있습니다. 바로잡는 방법은 참소하는 신하를 물리치고, 교만하
고 사나운 자를 죄주고 문서文書를 자세히 살피면 재앙이 소멸된다
하였습니다"라고 하니, 왕이 두려워하여 여러 능陵에 두루 고하고
또 액막이로 빌기를 명하였다.[269]

선종 7년, 고려는 하늘이 노한 듯하여 선종이 선왕들의 능을 참배하
여 자신의 덕행을 호소하기도 하였다. 한편, 의천은 불교경전 간행
작업을 위해 요나라와 일본에서까지 자료를 수집하고 있었다.

---

[269] 김종서, 『신편 고려사절요』(상권), 민족문화추진회, 2004, p.449~450.

3) 의천의 『원종문류』 간행

의천이 간행한 『원종문류圓宗文類』는 연도가 정확하지 않지만 그 편집 시기를 의천의 구법 이후인 1087년에서 1090년경으로 본다. 이 책은 의천이 『화엄경』을 중심으로 한 원종(圓宗: 화엄종)의 교리를 요약하고 고승들의 역대 저술을 모아 편찬한 책으로 제1권에 의천의 서문이 들어 있다. 전체 22권으로 알려져 있지만 현존하는 것은 1권의 「제부발원류諸部發願類」, 14권의 「제문행위류상諸文行位類上」, 22권의 「찬송잡문류讚頌雜文類」뿐이다. 의천은 유년 시대부터 경율론 삼장을 학습하여 『신역대승화엄경』을 강설하기도 했고, 화엄 불교학에 대한 이론을 전개하기 위하여 논과 소를 작성하기도 하였다. 그러다가 선종 7년(1090) 9월경 의천이 송나라에서 수집한 불서를 바탕으로 『원종문류』를 간행했는데, '원종문류'라는 이름은 선종宣宗이 지어주었다고 한다.

의천이 간행한 『원종문류』에 대한 연구는 의천의 불교사상을 연구함에 있어 매우 귀중한 자료이다. 대각국사 의천의 중심사상은 화엄사상이었다는 점을 『원종문류』의 편집을 보면 알 수 있기 때문이다.

> 의천은 화엄종 관계의 글을 모아 『원종문류』를 편찬하면서 그 책에 자서하기를 "흥왕사 주지 전현 수교겸강 천태교관 남선율소 명론등관, 유세승통"이라고 하여 자신이 전하고 강하는 불교로서 현수교관과 함께 천태교관, 남산율초南山律鈔, 인명론만을 언급하고 선종禪宗을 여전히 제외하였으며, 뿐만 아니라 인명론만을 드는 대신에 법상종의 유식학을 제외시키고 있었다.[270]

『원종문류圓宗文類』는 의천의 화엄종에 대한 연구목록이라고 말할
수 있는데, 현존하는『대각국사문집』에 수록된『원종문류』서문의
내용을 살펴보기로 한다. 이를 보면 의천의 불교사상을 탐구할 수
있다.

원종문류 권14 제문행위류 상上은 화엄종 문류 가운데 지엄, 법장
의『수현기搜玄機』와『탐현기探玄機』를 중심으로 수행위修行位와
관련된 부분을 절요한 것으로 의천 화엄사상의 근간을 알려주며,
중권과 하권의 존재를 추측하게 한다.[271]

의천은 화엄사상을 탐구하는 데 있어서 지엄과 법장의 사상을
중시하고 추종하였다. 의천이 지엄과 법장의 사상을 칭송한 것은
당시에는 신라시대 불교학을 학습할 수 있는 저서가 없었다는 것을
말하고 있다. 즉 신라불교를 바르게 고찰할 수 있는 토대가 없었다는
것을 반증하고 있는 것이다.

---

270 최병헌,『대각국사의천의 불교사적 위치』, 천태학연구제 4집, p.159.
271 박용진,「대각국사 의천 연구」, 국민대학교 대학원 사학과 문학박사학위논문,
    2004, p.88.

〈표2〉 원종문류 권14 제문행위류 上

소의경	제목	저자	소의경	제목	저자
화엄경	진역화엄경표	홍경등	능엄경	수능엄경서	왕수
	어제신역화엄경서		범망경	범망경소서	법장
	속신화엄락소정기서	혜원 술	기신론	기신론소	법장, 원효
	신역대방광불화엄경총록		화엄경	석마하연론통현초인문	요천유제
	진대방광불화엄결총목	법장 술		법계무차별론소서	법장
	신역화엄경소	법선 술		십이문론소서	법장
	신역화엄경 청량소서	육장원 술		화엄망진환원관서	법장
	신역화엄경소서	징관 술		주화엄법계관문서	배휴
	수소연의초서	징관 술		화엄경 수품찬인문	요경희
	정원신역화엄경소서	징관 술		제종지관인문	유선
원각경	원각경약소서	배휴 술	반야경	반야심경략소	법장 술
	원각경약소서	종밀 술		금강반야경찬요서	종밀 술
				인왕반야경소서	良賁 술

이어서 의천의 선종禪宗에 대한 견해를 살펴보자.

의천은 선종에 대하여서도 비판적이었다. 계주戒珠가 교외별전의 심법을 척파하기 위해 지은『별전심법의別傳心法議』를 그의『원종 문류』에 수록하고서 계주의 견해에 공감하기도 하고, 요의 도종이 혜능의『육조단경』과 지거智炬의『보림전』을 불태워버리게 했던

조치에 대하여서도 공감을 표하였다.[272]

의천이 실천하려는 불교는 선종에 있지 않았음을 보여주는 글이다. 여기서 계주는 북송 때 『정토왕생전淨土往生傳』을 편찬한 사문 계주(戒珠, 985~1077)를 말한다. 계주는 출가 후 선을 법해회요法海懷要에게 배웠고, 황벽산에 머물 때 『별전심법의』를 지어 선과 교의 나뉨에 대해 새로운 견해를 주장하였다. 문장에 뛰어나 사람들이 묵서默書라고 불렀으나 자신이 저술한 십수만 언을 모두 태워버리고 단지 『정토왕생전』만 남았다고 한다. 『정토왕생전』은 양梁·당唐·송宋의 『고승전』 등에서 정토에 왕생한 75인의 사적을 모아 엮은 것이다. 의천이 계주의 『별전심법의』에 공감했다는 것은 그가 선교융합적인 사상을 가지고 있다는 의미로 풀이할 수 있으며, 이는 나중에 의천이 교관겸수敎觀兼修 사상을 주창하는 토대가 되었을 것이라 짐작된다. 아울러 의천이 정토사상에 대한 이해도 깊었다는 것을 추측하게 한다. 또한 의천은 선종의 종지에 대해 근본적으로 문제 삼지 않았나 생각된다. 왜냐하면 『육조단경』이야말로 선종을 탄생시킨 근본 전적인데, 요나라 황제 도종이 혜능의 『육조단경』과 최초의 선종 전등 사서인 지거의 『보림전』을 불태운 것에 공감했다고 하기 때문이다.

의천의 『원종문류』는 전반적으로 지엄—법장—징관의 중국 정통 화엄조사들의 문류를 집록하여 편정하였다. 특히 법장의 다양한

---

272 최애리, 『신편제종교장총록의 편성체계 연구』, 동국대학교 대학원 불교학과 석사학위 논문, 2006, p.45.

문류가 집록되었음은 의천이 소의所依하는 중국 화엄 조사가 누구
인가를 알 수 있게 한다.[273]

의천은 지엄－법장－징관으로 이어지는 화엄사상을 깊이 탐구하
였을 뿐만 아니라 그들의 화엄사상을 전승하였다는 것을 알 수 있다.

2. 의천 화엄의 교상판석

의천은 화엄에 대한 해박한 지식을 학습했는데, 의천의 불교학에
대한 학습의 결정적인 역할은 『화엄경』의 믿음에 있었다.

다음 분류 14권은 주로 지엄의 요문을 집합하여 제문행위류상이라
하니, 행위란 것은 수행의 계위이며 행위의 차별에 대하여 논술한
것이다. 이것을 고찰하면 화엄의 교상판석에 따라 유취類聚한 것과
같으니 그 내용은 다음과 같다,

탐현기 제1 탐현기 제14
교의분제장 권중 탐현기 제15
탐현기 제1 종취 탐현기제 제16
탐현기 제2 탐현기 제17 제7회
탐현기 제3 탐현기 제18 제8회
탐현기 제4 제2회 탐현기 제20 미륵장

---

273 박용진, 「대각국사 의천 연구」, 국민대학교 대학원 사학과 문학박사학위논문,
2004, p.100.

탐현기 제5 제3회 탐현기 제1

탐현기 제6 제4회 공목장 제2 십주장 십바라밀장 십회향장

탐현기 제7 공덕장 제3 십지장 육차정장 애직장

탐현기 제8 지상문담초권

탐현기 제9 제6회 등 21편이 수록되어 있다.[274]

　

권22는 화엄원종의 고덕이 찬술한 것을 수집하여 찬송잡문류란 제목 하에 경책을 한 것이나, 이것은 세파에 산일되어 실명 실제된 것이 여기에 전하니 사학의 보배라고 할 수 있는 것이다. 그 목차는 다음과 같다.

　

1. 삼보찬 인종 제
2. 대방광불화엄경 수품찬 천우 제
3. 대방광불화엄경 입법계품찬 양걸 선
4. 화엄찰해 변상찬 청량 술
5. 비로자나불화장세계도 유우석 술
6. 화엄종주현수국사진찬 중종 제
7. 극사향대흥당사화엄신역구양경병소주변경교수내전담론삼 교수좌청량국사대화상증관진찬 문종 제
8. 종남산지상사지엄존자진찬 최치원 선
9. 해동화엄지조부석존자찬병서 박인량 선
10. 천우조복예법사간천하학사진망계

274 조명기, 「대각국사의 천태의 사상과 속장자의 업적」, 예문서원, 2002, pp.55~56.

11. 안국사이섭법사탑개천중천후조인

12. 여당사화엄소주증관 탐원화중인

13. 장경사대덕회휘탑 원화중인

14. 안국사 홍유선사탑장교동사

15. 윤화사 해법사탑

16. 종남산초당사사문종밀신명예법사의

17. 증도가 청량 술

18. 황벽선사송

19. 나한화상송

20. 의표공절상영선 백거이 술

21. 약리사무애화등 3수 현존 술

22. 진공절상관송등 4수 유성 술

23. 송광화엄귀서로 인악 술

24. 시중수성제 좌심제 연당제 원조 술

25. 제문삼도정원 술

26. 현수국사지해동서

27. 화엄경사석기 백거이 술

28. 대송제조현서대방광불화엄경서 왕균신 선

29. 화엄찬서주장문 술

30. 화엄구회예문서

31. 법계관문초서 조도 원년 4월 26일 서

32. 신주법계관서 여참정 술

33. 법계관문서 운아 술

34. 교의분제장중교서 정원 술

35. 환원관소보해서 정원 술

36. 법계관조수기서 정원 술

37. 시화엄경정행품서 소이간술 술

38. 서호소경사결정사집총서 전이

39. 서호결사시서정위 선

40. 대송항주서소경사 결사비명병서 송백 선

41. 중청승전강화엄경성명소 구제인의

42. 청강대방광불화엄경성명소

43. 중청승전강능엄경성명소

44. 중청승전청원각경성명소

45. 황명연령억만근소

46. 고종남산언화상보은사회원문 최치원 술

47. 해동화엄초조기신원문 최치원 술

48. 화엄사회원문 최치원 술

49. 화엄경사회원문 최치원 술

50. 화엄불국사아미타불불화상찬 최치원 술

등 50제를 유취한 것이다.[275]

위의 목록은 의천의 『원종문류』에 대한 목록이다. 의천이 초기에 화엄불교 사상을 집중적으로 탐구했다는 점을 알 수 있다. 의천이 처음부터 화엄학을 연구할 수 있었던 것은 바로 문종과 인예태후가

---

275 조명기, 「대각국사의천태의 사상과 속장자의 업적」, 예문서원, 2002, pp.57~58.

168

화엄종을 후원해 주었기 때문이다.

　의천은 입송 구법 이전부터 많은 중국 승려와 서신을 교류하였다. 귀국 이후 정원의 입적까지 의천의 화엄사상에 많은 영향을 준 정원의 화엄사상은 현수를 포용하면서 징관이나 종밀 등 여러 화엄조사의 화엄교관을 전수받았고, 화엄종 방계傍系 이통현李通玄의 『화엄론』을 접하였다.[276]

　의천의 『원종문류』에 대한 편찬의 내용을 살펴보면 바로 의천의 화엄학 연구에 대한 자료이기도 하다.

화엄종과 법상종과의 관계

의천의 위치는 화엄종과 법상종의 대립적인 면에서 자유롭다고 할 수 없었다. 당시 고려의 불교는 대부분 화엄종이 권력을 장악하고 있었다. 물론 법상종도 무시할 수 없었다. 법상종도 권문세가들로부터 비호를 받고 있었기 때문이다. 고려의 불교는 화엄종과 법상종의 영향 하에 놓여 있었으며, 왕권조차도 여기서 완전히 자유로울 수 없었다.

　당시 화엄종과 대립관계에 있었던 법상종의 불교에 대하여서는 그 종파의 교학인 유식학을 포용함으로써 교학면에서 상대적으로

---

276 박용진, 「대각국사 의천 연구」, 국민대학교 대학원 사학과 문학박사학위논문, 2004, p.100.

화엄종의 우위성을 확보하려는 것이었지, 그 종파 자체를 통합하
려는 것은 아니었고 더욱이 자신의 불교로 생각한 것도 아니었다.
그리고 당시 중앙의 불교계에서 화엄종과 법상종이 양대 주류를
이루어 대립하는 교단의 이원체제 가운데 제3의 종단의 위치를
점하고 있던 선종에 대하여서는 시종일관 철저히 비판 부정하는
입장이었다.[277]

의천이 화엄종과 법상종을 통해서 선종을 비판한 것을 알 수 있는데,
그 이유는 의천이 교학적인 불교에 더 치중했던 때문이 아닌가 한다.
의천으로서는 출가 교단이 화엄종이었고, 줄곧 화엄사상을 공부해
왔기 때문이다.

3. 의천의 불교 장소 간행 업적

고려가 의천이 송나라에서 수집해 온 경율론 삼장을 간행하는 데
총력을 기울이고 있을 무렵에 요나라에서 왕의 생일을 축하하러
왔다. 고려는 축하사절단을 영접하였다.

고려 선종 7년(1090) 9월에 요에서 이주利州 관내 관찰사 장사열張
師說을 보내와서 생신을 축하하였다. 왕이 건덕전乾德殿에서 요의
사신에게 두 번이나 잔치를 베풀어 주고 삼절인(三節人: 외국에서
온 사절使節 중에서 지위가 높은 세 사람을 가리킴)을 전내殿內 좌우에

---

277 최병헌, 『대각국사의천의 불교사적 위치』(천태학연구 제4집, 2003), p.160.

170

앉게 하였다. 유사가 아뢰기를 "사신에게 두 번씩이나 잔치를
베푸는 것은 옛날에는 이런 예가 없었사옵고, 삼절인을 전내에
앉게 하는 것도 들은 적이 없습니다" 하니, 왕이 이르기를 "사자가
요의 황제가 지은 천경사天慶寺 비문碑文을 가지고 왔으니 특별히
예우함이 마땅하다" 하고 따르지 않았다.[278]

고려가 불교국가임을 논증이라도 하듯 요나라 황제는 직접 지은
천경사 비문을 고려왕에게 보내왔다. 천경사天慶寺는 현재 요녕성遼
寧省 조양시朝陽市 봉황산鳳凰山에 있는 절로 보이는데, 이 절은 중국의
동북방에서 가장 유서 깊은 사찰이다. 한편, 의천은 송나라에서 수집
했던 장경류를 계속 간행하였다. 의천의 나이 37세에 이러한 불사를
실현한 것은 왕자 출신의 승려가 아니었으면 감당하기 힘든 불사였다
고 말할 수 있다.

의천은 흥왕사의 주지가 되어 천태교학을 정리하고 제자들을
양성하는 한편, 송나라의 고승들과 서적, 편지 등을 교환하면서
계속적인 장소 수집과 학문 교류를 하였다. 이러한 노력의 결과로
1090년(선종 7년) 의천의 나이 36세에 삼장三藏의 주석서인 장소章
疏들을 선별해 3권으로 묶은 것이 『교장총록』이다.[279]

---

278 김종서, 『신편 고려사절요』(상권), 민족문화추진회, 2004, p.450.
279 최애리, 『신편제종교장총록의 편성체계 연구』, 동국대학교 대학원 불교학과
　　석사학위 논문, 2006, p.7.

의천은 흥왕사의 주지로서 경·율·논에 대한 해석을 바르게 하고자 하였다. 그래서 이에 필요한 장소章疏를 수집하기에 이른다. 의천의 장소 수집에 대한 연구를 하기 위해서는 의천이 간행했던 목록에 대하여 알아야 한다. 즉『신편제종교장총록』3권에 대한 고찰을 통해서 대각국사 의천의 불교사상을 바르게 조명할 수 있다.『교장총록』 3권의 교장敎藏, 즉 장소章疏의 목록을 작성하여 편찬한 것은 송나라에 유학을 갔다 온 뒤에 이루어졌다. 의천이 송나라에 유학을 간 의도를 알 수 있는 대목이다. 즉 의천이 송나라에 유학을 가지 않았다면 『신편제종교장총록』을 편찬하지 못했을 거라는 말이다.

『신편제종교장총록新編諸宗敎章總錄』이라 하고 각 권의 내제內題 에는『해동유본현행록海東有本現行錄』이라 하며 약칭略稱으로는 『의천목록義天目錄』이라고 한다. 이것은 인도, 중국을 통하여 삼 장三藏 원본 이외에 그 주석서인 장소만을 수집하여 목록을 편찬한 것으로서 사계斯界의 효시嚆矢다. 이것은 문종 27년 국사 19세 때에『대세자집교장발원소代世子集敎藏發願疏』를 작성한 이후 선 종 7년 8월까지 25년간 장구한 세월을 두고 국내는 물론 송·요·일 본 등지에까지 산재해 있던 주석서를 국력을 빌려 최대한도로 구득에 주력한 것이다. 이것을 주조하게 수집하고 정확하게 재록 한 것으로서 고래로부터 학자 간에 사계의 표준이 되어 진보珍寶로 아는 것이다.[280]

---

280 조명기,「대각국사의 천태의 사상과 속장자의 업적」, 예문서원, 2002, p.61.

172

이『교장총록』을 간행함으로써 의천은 자신이 출가할 때에 세웠던 서원을 성취했다고 말할 수 있다. 만일에 의천의 역할이 없었다면 그러한 방대한 목록을 작성할 수도 없었을 것이다. 의천 이전에는 『제종교장총록』에 대한 자료를 접할 수 없기에 이 간행이 그만큼 의미를 지니는 것이다.

1)『신편제종교장총록』 3권

의천은 흥왕사에서『신편제종교장총록』을 작성하였다. 이러한 의천의 연구와 활동은 고려불교를 새롭게 하였다.

> 의천이『교장총록』을 편찬할 수 있었던 것은 송에서 제종교장 3,000여 권을 구득하여 귀국 후 선종에게 올리고 흥왕사의 주지가 되어 3년여에 걸쳐 정리 작업이 이루어진 이후에나 가능하였다. 『신편제종교장총록』의 신편新編은 기존에 있었던 목록을 대신하여 새로이 편찬했다는 의미와 처음으로 편찬했다는 두 가지의 의미로 생각할 수 있다. 이에 대하여 서지학계에서는 기존의 목록이 있었고 입송 구법 이후 새로이 편찬한 것으로 본다.[281]

의천은 송나라에서 구득하여 온 경·율·논에 대한 목록을 작성하였다. 의천이 작성한 제종교장의 목록에 대하여서는, 의천이 출가한 지 얼마 안 되어 서원을 세웠던 그 뜻을 이루고자 했던 것을 보면

박용진,「대각국사 의천 연구」, 국민대학교 대학원 사학과 문학박사학위논문, 2004, p.101.

알 수 있듯이, 고려에는 이미 그러한 저서의 목록이 있었던 것으로
보아야 한다.

옛날 영평永平[282] 이후로 부처님의 경전經典이 계속해 들어오자
번역하여 유통시킨 것이 대대로 없지 않았다. 그리하여 당나라
정관貞觀 연간에 이르러 경론이 크게 갖추어져서 이에 따라 성인의
가르침이 막힘이 없이 펴지기에 이르렀다. 섭도진聶道眞[283]과 도안
道安으로부터 명전明佺과 선율사宣律師에 이르기까지 각각 대장경
의 목록을 만들었으니 이를 일러 지록晉錄, 위록魏錄 등이라 하였
다. 그러나 같은 원본이면서도 다르게 번역되어 옛 목록과 새
이름의 의혹됨이 많고, 그 글 내용도 진위眞僞가 서로 뒤섞여
혹 하나의 경전이 두 분으로 되기도 하고 혹 일부분이 따로 번역되
기도 하여 40여 가家의 주장이 분분한 지 오래였다. 개원開元
중엽에 처음으로 대법사 지승智昇이 잘못된 곳을 빼어버리고 중복
된 것을 깎아서 모두 한 책으로 만들어 『개원석교록開元釋教錄』이
라 하였으니 모두가 20권으로 가장 정요精要하다. 그리하여 논의
자들은 경법經法의 계보로는 지승을 앞지를 사람이 없다 하였으니,
부처님께서 남기신 가르침을 이 세상에 머물게 하는 데 이보다
더 큰 공이 없다 하겠다. 나는 일찍이 경과 논은 비록 갖추었더라도

---

282 후한後漢 명제明帝의 연호(58~75)이다. 불교가 중국에 전래한 시기는 흔히
　　영평 10년(67)설, 곧 후한 명제 전래설을 따르기 때문에 영평 이후라고 한다.
283 진晉의 재가 불교학자로 한역 대장경의 서목書目을 정리한 『섭도진록』을 지
　　었다.

174

그 장소章疏가 없다면 법을 펼 길이 없다고 생각하였다. 그래서 지승법사의 법을 보호하고자 하는 뜻을 본받아 가르침의 자취를 찾는 것으로 나의 책임을 삼아 쉬지 않고 노력하기를 20년 동안 하여 지금에 이르렀다. 이제까지 얻은 여러 종宗에서 저술한 신구 장소新舊章疏에 대해서는 감히 사사로이 감추어두지 않고 수록했으며, 뒤에 새로 얻은 바가 있으면 또한 기록하려 한다. 혹 장래에 이렇게 편집한 이 속장경이 삼장三藏의 정문正文과 더불어 무궁하게 전해진다면 내 소원을 다한 것이다. 때는 고려 제13대 주상께서 위에 오르신 8년(경오, 1090) 8월 초 해동전화엄대교사문海東傳華嚴大敎沙門 아무개는 기록하다.[284]

의천은 『신편제종교장총록』에서도 선종에 관한 승려들의 논이나 저서에 대해서는 기록을 하지 않았다. 이것은 의천이 선종 승려들의 저서를 그다지 인정하지 않았다는 것을 말하고 있는 것이 아닐까.

2) 『신편제종교장총록』의 구성

의천은 『신편제종교장총록』을 작성하는 데 있어서 철저한 관리감독을 했으며, 경·율·논에 의미를 부여하고 경전을 가장 중요하게 여겼다. 이를 통해 볼 때 의천은 사교입선捨敎入禪을 주창하는 선이 아니라 교학적인 불교를 추앙했다고 볼 수 있다. 그는 고려시대 화엄종의 교리를 바르게 고찰하고자 하였고, 송나라 불교에 대해서도 연구하고자 하였다. 특히 의천은 송나라에서 수집한 장소를 이용하여 목록을

284 동국역경원, 『대각국사문집 외』 2001, pp.60~62.

작성하고, 고려에 없는 불교경전과 논에 대해서는 송나라에서 목판을
만들기도 하였다. 한편 금산사 광교원에서 판각을 하기도 했다고
하는데, 현존하지 않아서 정확한 위치는 알 수 없다. 어쨌든 의천은
흥왕사興王寺에 교장도감敎藏都監을 설치하여 작업에 들어갔다.

서문 해동 전화엄대교사문 의천 서
고려사문의천록(차시초본후의중광여유류락관자서지)
신편제종교장총록 권제1
해동유본경행록 상
경전부
신편제종교총록 권제2
고려사문의천록
해동유본경행록 중
율부
신편제종교장총록 권제3
고려사문의천록
해동유본견행록 하
논부신편제종교장총록 권 1, 2, 3에 각각 해동유본견행록 상,
중, 하를 배치하고 의천이 집록하였음을 기록하였다.[285]

의천이 작성한 『신편제종교장총록』은 『속장목록續藏目錄』 또는

285 박용진, 「대각국사 의천 연구」, 국민대학교 대학원 사학과 문학박사학위논문,
    2004, pp.106~107.

『의천록義天錄』이라고도 하는데, 이 목록을 기초로 불교 경전을 정비하여 〈고려속장경高麗續藏經〉을 간행하였다. 중국의 대표적 불교 교장의 목록으로는 『개원석교록開元釋教錄』이 유명한데, 『개원석교록』은 경·율·논에 대한 목록인데 반하여 의천의 이 목록은 경·율·논에 대한 연구와 주석서인 장소章疏를 총망라하였으며, 우리나라뿐만 아니라 송·요·일본 등지에서 수집한 것이라는 데 큰 의미가 있다. 특히 신라의 자장慈藏·원효元曉·경흥憬興·태현太賢·최치원崔致遠 등의 저술을 포함시켰고, 거란인의 저서도 수록되어 있어 자료적인 가치성이 높이 평가되고 있다.[286]

의천의 이러한 업적은 고려왕실뿐 아니라 고려불교계, 나아가 고려라는 나라의 국가적 위상을 높이는 결과를 낳았다.

그 내용은 상·중·하 3권으로 되어 상권에는 경의 장소 561부 2,586권이 수제되고, 중권에는 율 장소 142부 467권, 하권에는 논소 307부 1,687권이 수록되어 합계 1천10부 4,740권이 되나 이것도 완성된 것이 아니고 발견되는 대로 추가할 것이었다.[287]

의천의 『신편제종교장총록』 간행은 고려불교를 교학 중심의 불교로 발전하게 하는 전환점을 마련하였다. 아울러 속장경 간행은 이후 고려대장경 간행의 선구자 역할을 하게 된다.

---

286 장서각 디지털아카이브 http://yoksa.aks.ac.kr/
287 조명기, 「고려 대각국사와 천태사상」, 경서원, 1982. 41.

목록目錄을 일단 만든 후에도 의천은 이를 보충하기 위한 책을 모으는 데 전력을 다하였다. 그 이듬해에는 멀리 남쪽으로 내려가 4,000권을 모아 가지고 왔고, 거란으로부터 거란 승 행균의 『용감수경龍龕手經』과 선연鮮演의 『화엄경담현결택華嚴經談玄決擇』도 얻었다.[288]

의천이 거란 승려에게도 장소를 구입했다는 점에서 그가 얼마나 장소 수집에 대한 열정이 있었는지를 알 수 있다.

의천은 『신편제종교장총록』 경전부에서 『화엄경』에 대大자를 삽입했는데, 이것은 의천이 가장 소중하게 여긴 경전은 『화엄경』이라는 것을 말해준다. 또한 『화엄경』을 통해서 자신의 불심관을 피력하고자 했던 점을 말하지 않을 수 없다. 의천은 이 시기에는 화엄종의 입장에서 불교를 관하였다. 그래서 화엄종의 장소를 가장 많이 수집했던 것이다. 『신편제종교장총록』 제1권은 경전의 장소에 대한 목록을 작성했고, 제2권은 주로 율부의 장소에 대하여 목록을 작성하였다. 특히 『범망경』에 대한 것을 가장 먼저 기록하였다. 제3권에는 주로 논장의 장소에 대하여 목록을 작성했는데, 송, 요, 신라, 일본의 불교학자들에 의하여 주석되어진 논을 총결집하였다. 아래는 『신편제종교장총록』 전체의 분류체계와 목록표이다.

---

288 강남식, 「고려천태사상사의 연구」, 원광대학교 대학원 불교학과, 2001, p.88.

178

〈표3〉『신편제종교장총록』의 분류체계와 목록표[289]

『신편제종교장총록』 권제1		『신편제종교장총록』 권제2	
經藏部	章疏部/卷數	律藏部	章疏部/卷數
1. 大華嚴經	177部1257卷	1. 梵網經	25部51卷
2. 大涅槃經	30部207卷	2. 瓔珞本業經	1部3卷
3. 毘盧神變經	4部33卷	3. 地持經	1部10卷
4. 法華經	60部234卷	4. 佛遺教經	9部12卷
5. 無量義經	1部2卷	5. 四分律	58部306卷
6. 楞伽經	11部46卷	6. 十誦律	48部85卷
7. 首楞嚴經	27部174卷		
8. 圓覺經	18部94卷	『신편제종교장총록』 권제3	
9. 維摩經	19部141卷	論藏部	章疏部/卷數
10. 金光明經	25部86卷	1. 大乘起信論	34部88卷
11. 仁王經	12部48卷	2. 釋摩訶衍論	6部31卷
12. 金剛般若經	29部73卷	3. 成唯識論卷	29部266
13. 般若理趣分經	7部10卷	4. 百法論	14部69卷
14. 大品般若經	1部3卷	5. 因明論	27部98卷
15. 般若心經	19部30卷	6. 正理門論	2部2卷
16. 六波羅密經	2部20卷	7. 瑜伽論	19部227卷
17. 金剛三昧經	2部10卷	8. 五蘊論	1部1卷
18. 勝鬘經	3部7卷	9. 顯揚論	1部2卷
19. 不增不減經	1部1卷	10. 攝大乘論	9部55卷
20. 諸法無行經	1部5卷	11. 雜集論	2部20卷
21. 般舟三昧經	1部1卷	12. 中邊論	3部6卷
22. 注思益經	1部10卷	13. 唯識二十論	1部1卷

289 김성수, 「신편제종교장총록의 분류체계에 관한 연구」, 연세대학교 대학원 석사학위논문, 1982.

23. 解深密經	2部10卷	14. 成業論	1部1卷
24. 無上依經	1部4卷	15. 觀所緣論	1部1卷
25. 大寶積經	3部5卷	16. 掌珍論	2部2卷

이상과 같이 의천이 편집했던『신편제종교장총록』의 목록에 대하여 간략히 살펴보았는데, 의천이 평소에 실행하고자 했던 장소章疏 간행이 이런 목록으로 이루어졌다. 목록에 의하면 의천은 화엄종을 가장 중시했던 것으로 보인다. 하지만 그는 당시 고려의 화엄종 승려들에 대해서는 비판적이었는데, 이는 균여를 비판하는 것으로 표출되었다. 또 균여를 비판함으로써 화엄종을 넘어서는 새로운 종파, 즉 천태종을 창종하기에 이른다. 의천이 새로운 불교를 주장하려면 사상적인 측면이 있어야 했으니, 그의 천태교학 연구가 이에 해당한다고 말할 수 있다. 여하튼『신편제종교장총록』3권의 간행을 통해서 의천은 자신이 원했던 새로운 불교운동을 전개하는 토대를 마련하였다.

『교장총록』[290]은 교장의 간행을 위한 작업이라고 보기 어렵지만 최초 대장경의 대장목록을 참고하고 지승의『개원석교록』을 참고하여 완성하였다.[291]

---

290 『신편제종교장총록』3권은 대정장 권제55, 2184에 목록이 있으나 영인하지 않고 수작업으로 살펴보았다는 것을 말하고자 한다.

291 박용진,「대각국사 의천 연구」, 국민대학교 대학원 사학과 문학박사학위논문, 2004, p.114.

　　의천이『제종교장총록』을 작성하는 데는 지승의『개원석교록』을 참조하였을 가능성이 있다. 즉 의천은『개원석교록』의 내용을 알고 있었으며, 이를 바탕으로 하여 곳곳에서 수집한 자료를 모아『교장총록』을 작성한 것으로 보인다. 한편, 의천이 교장도감에서 간행한 경율론의 자료를 접한 왕은 왕태후를 모시고 삼각산을 순행하였다.

　　고려 선종 7년(1090) 겨울 10월 병오일에 왕이 왕태후를 모시고 삼각산에 갔다. 경술일에는 승가굴僧家屈에 들렀다가 고추 장의사 藏義寺로 갔으며, 경축일에는 인수사仁壽寺에 가서 분향하였다. 갑인일에는 왕의 일행이 산길에 들어섰을 때 백세 노인 1명과 80세 노인 3명이 길가에서 왕에게 현신하였다. 각각 물품을 주어 그들을 위로하였다.[292]

　　선종은 왕태후와 함께 삼각산(북한산)에 갔다. 삼각산에 있는 사찰 가운데 승가굴과 장의사, 인수사를 순행하는데 길가에서 백세가 된 노인을 만났다. 그 노인들이 왕에게 선물을 주었고, 왕도 노인들에게 선물을 하사하여 위로했다고 한다.

제5절 의천이 작성한『해동유본견행록』

『교장총록』은 원래 목판으로 간행된 것으로 보이는데 이 목판간행본은 전해지지 않는다. 현재 일본 고산사高山寺에 소장돼 있는 필사본이

292 박시형, 홍희유,『북역 고려사』(제1책), 신서원, 1962, p.466.

가장 오래된 자료이다. 그런데 이 필사본에서 『교장총록』 전3권을
『해동유본견행록海東有本見行錄』 상중하 3권으로 편성해 놓았다. 예
컨대 교장총록 제1권 아래에 다시 해동유본견행록 상上이라는 제목을
달아 놓았다. 그래서 『신편제종교장총록』과 『해동유본견행록』은 같
은 책인 셈이다. 여기서는 『해동유본견행록』이란 제목 하에 주로
원효의 저서 목록을 중점적으로 살펴보고자 한다.

1. 원효의 저서 목록

의천의 『교장총록』 3권에는 균여의 저서 목록은 빠진 반면 원효의
저서는 상당히 많이 수록되어 있다. 이것은 의천이 그만큼 원효를
높이 평가하고 원효의 저술이 중요함을 드러내고자 한 증거이기도
하다.

> 의천이 속장경을 조직적으로 간행하기 위해서 먼저 선종 7년
> (1090)에 편집한 『신편제종교장총록』에 고려의 화엄종 관계의
> 제 전적들은 문의가 불통하고 조도祖道를 황무荒蕪케 하며 후생들
> 을 미혹케 한다고 하면서 일체 수록하지 않았으면서도 원효 등의
> 장소는 극력으로 구하여 편입하려고 했던 의도에서도 원효의
> 후계자로서 의천의 공경한 태도를 알 수 있고……. [293]

의천은 원효에 대하여 높이 평가하였고 자신도 원효와 같은 후학이

---

293 강남식, 「고려천태사상사의 연구」, 원광대학교 대학원 불교학과, 2001, p.99.

되려고 했던 것 같다. 그리하여 의천은 원효를 화쟁보살이라고 칭하여 숙종의 칙명을 받았던 것이다. 원효는 의천에 의하여 새롭게 탄생했다고 말할 수 있다. 의천의『제종교장총록』3권 가운데 목록을 살펴보면 의천이 원효를 얼마나 존경하고 있는가를 알 수 있는 부분이라고 생각하기에 원효의 논저만을 작성해 보았다.

1) 의천이 작성한『해동유본견행록』上

의천은 의상이 추구하고자 했던 화엄종의 소疏보다도 원효가 지은 대大화엄경의 소를 깊이 고찰하였다. 의천이 화엄종의 종주라고 하는 의상의 저술에 대해서는 기록하지 않고 원효에 대한 자료를 수록한 것은 의상의 자료가 없어서일 수도 있으나, 그것보다는 의천 자신이 원효와 원효의 저서를 높이 평가한 것이 주된 이유라고 볼 수 있다.

〈표4〉의천 작성『해동유본견행록』上

해동유본견행록 上	
대화엄경	
소 10, 본시8권 금개제5권 배종요군작10권야	원효 술
일도량경 1권	기상 원효 술
대승관경	
종요 2권 혹 1권	원효 술
법화경	
종요 1권	원효 술
방편품과간 1권	원효 술
능가경소 7권	

종요 1권	기상 원효 술
유마경	원효 술
종요 1권	원효 술
금광명경	원효 술
소 8권(권1권 -5권)	원효 술
금강반야경소 3권	원효 술
반야심경소 1권	원효 술
금강삼매경	원효 술
논 6권 혹 3권 승전운 조, 소 5권 후유번경 3장개지위론 운	원효 술
승만경	원효 술
소 2권	원효 술
부증불감경소 1권	원효 술
반주삼매경소 1권	원효 술
해심밀경소 3권	원효 술
대무량수경	원효 술
소 1권	원효 술
소아미타경	원효 술
소 1권	원효 술
미륵상생경	원효 술
종요 1권	원효 술
대방경소 1권	원효 술

2) 의천이 작성한『해동본견행록』中

의천은『교장총록』제2권에서 율부에 대한 원효의 논소 목록을 작성하였다. 원효는 율부에 대하여서도 기록을 하였다.

184

〈표5〉 의천 작성 『해동본견행록』 中

해동본견행록 中	
범망경소 2권	
약소 1권	
지범 1권 10중계서부	기상 원효 술
영락본업경소 3권	원효 술

3) 의천이 작성한 『해동본견행록』 下

의천은『교장총록』제3권에서 논부에 대한 원효의 논소 목록을 작성하였다. 그런데 특이한 점은, 논서의 목록을 작성하는 데 있어 이름 없는 저자의 논서 목록은 작성하면서도 균여에 대한 논서 목록은 하나도 없다는 것이다. 균여에 대한 목록이 없는 것은 아마 의천이 생각하기에 균여의 화엄론에 대하여서는 가치가 없다고 여겼던 것 같다.

〈표6〉 의천 작성 『해동본견행록』 下

해동본견행록 下	
대승기신론	
권2권	원효 술
소소보행기 2권 제하운 수청산집 의기 석해동소체대원장교강 주복원 조계등 문기	망명
과 1권 제하운 시신론 의해동소과문	망명
종요 1권	
별기 1권	
대기 1권	

과간 1권	원효 술
성유식론	
종요 1권	원효 술
인명론	
소 1권	
판비량론 1권	원효술
섭대승론	
세친석론략기 4권	원효 술
중변론	
소 4권	원효 술
상진론	
종요 1권	원효 술
광백론	
종요 1권	원효 술
삼론종요 1권 중백문시	
십문화쟁론 2권	원효 술
이제장 1권	원효 술
조복아심론 1권	원효 술
안심사심론 1권	원효 술
구도협유론 1권	원효 술
초장 1권	기상 원효 술

『교장총록』3권에서 원효가 추구하고자 했던 불교저서를 의천이
연구하고자 하였고, 의천은 원효의 저서에 대한 총록을 작성하였다.[294]
의천이 원효의 불교학을 깊이 연구하였다는 것은 위의 자료를 통해서

---

294 김영태, 『원효연구사료총록』, 장경각, 1996, pp.60~64.

알 수 있다.

2. 의천의 원효사상 연구

의천은 원효의 저서를 통해서 고려불교를 회통시키고자 하였다. 의천은 신라불교 최고의 승려인 원효에 의지하여 신라의 불교사상을 바르게 전승함으로써 고려불교를 부흥시킬 수 있다고 본 듯하다.

> 의천은 불교의 역사에서 성상을 융통히 밝힌 인물로서 신라의 원효를 추앙하고 있었다. 의천이 선종 8년(1091) 불서를 찾아 남쪽지방을 여행할 때 원효와 인연이 깊었던 경주 분황사에 간 일이 있었는데, 그때 추모하여 마지않던 원효의 상 앞에 올린 제문祭文에 의하면, 오직 우리 해동보살은 성상을 융통히 밝히었고 고금을 세밀히 감싸면서 백가들의 다투는 실마리를 화합시켰으니 일대의 지극히 공정한 논이었거늘, 하물며 헤아릴 수 없는 신통과 생각하기 어려운 묘상이겠습니까.[295]

> 의천은 원효의 해동보살이라는 칭호를 고려에 전하고, 신라 멸망 이후에 소멸되어 가던 원효를 새롭게 탄생시켰다. 만일 의천이 아니었으면 현재의 우리는 원효를 추앙할 수도 없었을 것이다. 의천이 없었다면 원효는 그 자취를 감추고 말았을 것이기 때문이다. 다행히 의천에

---

[295] 최병헌, 「대각국사의천의 불교사적 위치」(『천태학연구』 제4집, 천태불교문화연구원, 2003), p.166.

의하여 원효는 화쟁국사로 거듭 태어났다.

의천은 『신편제종교장총록』을 편찬하면서 서문도 함께 썼다. 선
종 8년(1090) 8월에 서문을 썼는데 이는 입송구법으로부터 4년
이후이고, 19세에 세자를 대신하여 교장敎藏을 수집할 것을 발원
하는 소문을 낸 때로부터 19년이 경과한 때였다.[296]

의천의 장소에는 균여의 저서를 포함하지 않았다. 그것은 바로
균여가 고려의 불교를 바르게 이끌지 못했다고 생각했기 때문으로
보인다. 의천은 원효에 대한 연구를 하기 위하여 논서를 직접 남기지는
않았지만 분황사를 참배하여 원효의 존상을 추앙했으며, 『교장총
록』에 원효의 저서를 목록으로 남겼다. 하지만 의천이 의상과 더불어
원효를 존경했다는 것은 다음과 같은 의미이기도 하다.

의천이 말년(1101)에 원효를 화쟁국사, 의상을 원교국사로 추봉케
한 것은 원효와 의상의 불교의 특징을 정확하게 파악한 결과라고
본다.[297]

이렇게 원효는 의천에 의하여 새롭게 태어났다. 의천은 화엄교판

---

296 박용진, 「대각국사 의천 연구」, 국민대학교 대학원 사학과 문학박사학위논문,
  2004, p.104.
297 최병헌, 「대각국사 의천의 불교사적 위치」(『천태학연구』 제4집, 천태불교문화
  연구원, 2003), p.166.

연구와 천태교판에 대한 역사성과 특히 원효의 교판에 대하여 깊이 성찰하였다. 의천은 이러한 불교사상을 통해서 자신이 존경하게 된 원효를 보살로 칭하기도 하였다.

> 균여대사의 저서를 수록하지 않은 것은 무슨 까닭이냐 하면, 의천의 생각에는 그의 저서가 후세에 전할 만한 가치가 적다고 인정한 까닭인 듯하다.[298]

의천은 균여에 대하여 비판적인 입장을 취하였다. 그는 균여의 사상에서 신봉할 수 없는 면을 발견했던 것 같다. 그리하여 의천은 균여의 저서를 장소에 기록하지 않았다.

> 국사가 『신편제종교장총록』을 편성할 때에도 원효대사의 저서를 극력 모집募集하여 44부 87권이나 최다수로 수록한 것은 그의 목적의 일부를 알 수 있는 바이다. 즉 국사가 이것을 가장 많이 애독하여 원효대사의 저서와 사상적 웅업雄業을 마명과 용수보다 위대하여 암야暗夜의 명등明燈이라고 찬탄하였고, 또 이것을 제자들에게 강의하여 '분황과교芬皇科敎가 불심佛心에 계합했다' 하고 진심으로 환희하였다.[299]

의천은 신라시대 원효가 출가하여 불교학에 대한 열정을 아끼지

---

298 진단학회, 『한국사 중세편』, 을유문화사, 1981, p.281.
299 조명기, 『고려 대각국사와 천태사상』, 경서원, 1982, p.43.

않았던 분황사를 참배하였고, 분황사에서 원효상을 참배하고는 원효를 고려에서 최고의 승려로 추앙할 것과 원효를 화쟁국사라는 칭호를 올릴 것을 발원하기도 하였다. 의천은 천태지의의 부도탑에서 고려에 천태종 창종을 발원하였듯이, 원효의 불교사상을 전승하려는 의천의 발원을 볼 때 그는 원효를 가장 위대한 성자로 여겼던 것이다.

1) 송나라 선종 8년 고려의 서적 수집

송 황제가 고려 사신 편에 송나라에 없는 책의 고서 목록을 작성해 보내면서 수집해줄 것을 청하였다. 고려에서는 송나라의 목록을 보고 그것을 조사하여 보냈을 것으로 본다. 당시 송나라는 불교 관련 책은 물론 일반 저서도 상당수 소멸되었다. 그래서 고려에 남아 있을 중국 고래의 저서들을 수집하려고 한 것이다. 의천은 이미 송나라에 있는 불교서적과 원효의 저서에 대하여 필사본까지 수집해온 상태였다. 이러한 의미에서 본다면 의천이 불교경전과 논·장소를 수집한 것은 선견지명에서 나온 탁월한 선택이었다.

고려 선종 8년(1091) 이자의李資義 등이 송나라에서 돌아왔다. 송나라 황제가 우리나라 서적에 좋은 판본이 많다는 것을 듣고 관반館伴에게 명하여 구하려고 하는 서적의 목록을 적어 주면서 말하길 "비록 권수가 부족한 것이 있더라도 베껴 써서 부쳐 보내라"고 하였다. 서적의 목록書目은 다음과 같다.

『백편상서百篇尚書』·순상荀爽의 『주주역注周易』 10권, 『경방역京房易』 10권, 정강성鄭康成의 『주주역注周易』 9권, 육적陸績의 『주주역注周易』14권, 우번虞翻의 『주주역注周易』9권, 『동관한기東觀漢記』120권, 사승謝承의 『후한서後漢書』130권, 『한시韓詩』22권, 업준業遵의 『주모시注毛詩』20권, 여침呂忱의 『자림字林』7권, 『고옥편古玉篇』30권, 『괄지지括地志』500권, 『여지지輿地志』30권, 『신서新序』3권, 『설원說苑』20권, 유향劉向의 『칠록七錄』20권, 유흠劉歆의 『칠략七略』7권, 왕방경王方慶의 『원정초목소園亭草木疏』27권, 『고금록험방古今錄驗方』50권, 『장중경방張仲景方』15권, 『원백창화시元白唱和詩』1권, 『심사방深師方』, 『황제침경黃帝鍼經』9권, 『구허경九墟經』9권, 『소품방小品方』12권, 『도은거효험방陶隱居效驗方』6권, 『시자尸子』20권, 『회남자淮南子』21권, 공손라公孫羅의 『문선주文選注』, 『수경水經』40권, 양호羊祜의 『주노자注老子』2권, 나십羅什의 『주노자注老子』2권, 종회鍾會의 『주노자注老子』2권, 완효서阮孝緖의 『칠록七錄』, 손성孫盛의 『진양추晉陽秋』, 『삼자三子』3권, 손성의 『위씨춘추魏氏春秋』20권, 간보干寶의 『진기晉紀』22권, 『십륙국춘추十六國春秋』120권, 위담魏澹의 『후위서後魏書』100권, 어환魚豢의 『위략魏略』, 유번劉璠의 『양전梁典』30권, 오균吳均의 『제춘추齊春秋』30권, 원행충元行沖의 『위전魏典』60권, 심손沈孫의 『제기齊紀』20권, 『양웅집揚雄集』5권, 『반고집班固集』14권, 『최인집崔駰集』10권, 『급총기년汲塚紀年』14권, 『사령운집謝靈運集』20권, 『안연년집顔延年集』41권, 『삼교주영三敎珠英』1천 권, 공관孔逭의 『문원文苑』100권, 『유문류文』100권, 『문관사림文館詞林』1천 권, 중장통仲長統의 『창언昌言』, 두서杜恕의 『체론體論』, 『제갈량집諸葛亮集』24권, 왕희지王羲之

의 『소학편小學篇』 1권, 주처周處의 『풍토기風土紀』 1권, 장읍張揖
의 『광아廣雅』 4권, 『관현지管絃志』 4권, 왕상王祥이 지은 『음악지
音樂志』, 채옹蔡邕의 『월령장구月令章句』 12권, 신도방信都芳이
지은 『악서樂書』 9권, 『고금악록古今樂錄』 13권, 『공양묵수公羊墨
守』 15권, 『곡량폐질穀梁廢疾』 3권, 『효경유소주孝經劉邵注』 1권,
『효경위소주孝經韋昭注』 1권, 『정지鄭志』 9권, 『이아도찬爾雅圖
贊』 2권, 『삼창三蒼』 3권, 『비창埤蒼』 3권, 위굉衛宏의 『궁서宮書』
1권, 『통속문通俗文』 2권, 『범장편凡將篇』 1권, 『재석편在昔篇』
1권, 『비룡편飛龍篇』 1권, 『성황편聖皇篇』 1권, 『권학편勸學篇』
1권, 『진중흥서晉中興書』 80권, 『고사고古史考』 25권, 『복후고금
주伏侯古今注』 8권, 『삼보황도三輔黃圖』 1권, 『한관해고漢官解詁』
3권, 『삼보결록三輔決錄』 7권, 『익도기구전益都耆舊傳』 14권, 『양
양기구전襄陽耆舊傳』 5권, 혜강嵇康의 『고사전高士傳』 3권, 『현안
춘추玄晏春秋』 3권, 간보干寶의 『수신기搜神記』 30권, 『위명신주魏
名臣奏』 31권, 『한명신주漢名臣奏』 29권, 『금서칠지今書七志』 10
권, 『세본世本』 4권, 『신자申子』 2권, 『수소자隨巢子』 1권, 『호비자
胡非子』 1권, 하승천何承天의 『성원性苑』·『고사염씨족지高士廉氏
族志』 100권, 『십삼주지十三州志』 14권, 『고려풍속기高麗風俗記』
1권, 『고려지高麗志』 7권, 『자사자子思子』 8권, 『공손니자公孫尼
子』 1권, 『신자愼子』 10권, 『조씨신서晁氏新書』 3권, 『풍속통의風俗
通義』 30권, 『범승지서氾勝之書』 3권, 『영헌도靈憲圖』 1권, 『대연력
大衍曆』, 『병서접요兵書接要』 7권, 『사마법司馬法』, 『한도漢圖』 1
권, 『동군약록桐君藥錄』 2권, 『황제대소黃帝大素』 3권, 『명의별록

名醫別錄』3권,『조식집曹植集』30권,『사마상여집司馬相如集』2권,
환담桓譚의『신론新論』10권,『유곤집劉琨集』15권,『노심집盧諶
集』21권,『산공계사山公啓事』3권,『서집書集』80권, 응거應璩의
『백일시百一詩』8권,『고금시원영화집古今詩苑英華集』20권,『집
림集林』20권,『계연자計然子』15권이다.
이때는 송宋 철종哲宗 원우元祐 6년 신미이다.[300]

송나라에서는 귀중한 고서들이 불교를 탄압할 적에 사라졌다. 이에
송나라 황제는 고려에는 그 책들이 있을 것으로 판단하여 고려 사신이
귀국할 때 송나라에 없는 고서들의 필사본이라도 보내줄 것을 고려
선종에게 부탁한 것이다.

고려 선종 8년(1091) 8월에 "송나라 사람인 전성田盛은 서찰書札에
능숙하고 동양東養은 무술에 기예가 있으니 그들을 우리나라에
머물러 있도록 권고하는 동시에 관직 품계를 높여줌으로써 다음에
오는 사람들을 고무케 하라" 하였다.[301]

고려에서는 송나라 사람들 중 특정분야의 전문가들을 고려에 오래
머물도록 했던 것 같다. 그 중에는 고려에 귀화한 사람도 있었던
듯하다. 무술에 능한 동양東養은 어떤 곳에서는 진양陳養이라고도
표기하는데, 송나라에서 고려로 귀화한 사람이라고 한다.

300 김종서,『신편 고려사절요』(상권), 민족문화추진회, 2004, p.451.
301 김종서,『신편 고려사절요』(상권), 민족문화추진회, 2004, p.452.

고려 선종 8년(1091) 윤 8월 갑자일에 회응전會應殿에 장경도량藏
經道場을 설치하여 왕이 분향하고, 또 시를 지어서 불법에 귀의하는
뜻을 보였다.[302]

선종 8년에 장경도량을 설치하고 왕이 분향을 하고 시를 지어서
불교에 대한 신앙심을 보였다. 장경도량이란 봄과 가을에 열리는
정기 불교 의례의 하나로서, 봄의 3월 또는 4월과 가을의 9월 또는
10월에 매년 두 차례 열렸으며, 대장경 전체에 대한 공경과 공덕을
강조한 의식이다. 이를 통해 불교 기반의 확산과 왕권 강화의 성격이
있다고 추측된다. 봄과 가을에 궁중의 회경전會慶殿에서 각기 많게는
10일간 의식을 한 것은 그러한 성격을 보여준다.[303]

고려 선종 8년(1091) 8월에 도병마사가 아뢰기를 "안변도호부安邊
都護府의 경내에서는 상음현霜陰縣이 국경지대의 요충이오니 성과
보루堡壘를 쌓아서 외적을 방비하기를 청합니다" 하니, 좇았다.[304]

안변도호부는 995년(성종 14)에 화주(和州: 함경남도 영흥)에 처음
설치되었다가 1018년(현종 9) 등주(登州: 함경남도 안변)로 바뀌었다.
남방의 도호부가 지방민을 통치하기 위하여 설치되었던 데 반하여

---

302 박시형, 홍희유, 『북역 고려사』(제1책), 신서원, 1962, p.474.

303 한기문, 「고려시기 정기 불교 의례의 성립과 성격」(『민족문화논총』 27, 영남대
    민족문화연구소, 2003).

304 김종서, 『신편 고려사절요』(상권), 민족문화추진회, 2004, p.452.

북방의 도호부는 새로 정복한 변경의 이민족을 통치하기 위한 군사적 지방통치기구였다. 따라서 남방의 도호부가 지역 사정에 따라 치폐置廢를 거듭한 데 반하여, 북방의 도호부는 국경의 확대에 따라 더욱 발전하였다. 1052년(문종 6) 6월 삼척현 三陟縣 임원진臨遠鎭의 장수 하주려河周呂가 동여진의 침입을 받았을 때, 이곳을 순찰하던 안변도 호판관 김숭정金崇鼎의 도움을 받았다고 한다.[305] 따라서 당시 고려를 위협하는 여진족의 침입을 방어하기 위하여 안변도호부에 소속된 국경지대인 상음현에 성을 쌓은 것으로 보인다.

고려 선종 9년(1092) 2월 기묘일에 동여진에서 회화장군 삼빈三彬 등이 와서 말을 바쳤다.[306]

동여진의 산빈 등이 와서 말을 바쳤다는 것으로 미루어 추론하면, 당시에 무기나 다름없는 최고의 운송수단인 말을 고려에 선물로 바침으로써 고려와 화친관계를 맺으려 했던 것으로 보인다.

고려 선종 9년(1092) 3월 왕이 병이 나서 내의內醫에게 양생養生하는 방문과 약을 바치도록 명하고 갑자기 시를 지었는데, 시 마지막은 이러하였다.

약 효험이 있고 없고 무엇 염려하랴.

---

305 〔Daum백과〕 안변도호부 - 한국민족문화대백과사전, 한국학중앙연구원.
306 박시형, 홍희유, 『북역 고려사』(제1책), 신서원, 1962, p.475.

덧없는 인생 시작이 있었으니 어찌 끝이 없으리.

오직 원하기는 여러 가지 선행 닦아

청정한 지역(서방극락)에 올라 부처님 예배하기를.

藥效得否何敢慮 浮生有始豈無終

惟應願切修諸善 淨域超昇禮梵雄

하는 글귀가 있어서 보는 사람마다 놀라고 괴이하게 여겼다.[307]

선종 9년에 선종이 죽을 것을 예언이라도 하는 것처럼 시를 써서 보이니 대신들은 물론이고 많은 신하들이 놀랐다.

고려 선종 9년(1092) 4월 금관후金官侯 비조를 수태위 겸 중서령守太尉兼中書令으로 삼았더니, 얼마 후에 졸하였다. 왕이 이르기를 "이전에 장순후章順侯가 후사도 없이 죽었으므로 불법佛法대로 화장하여 흩었는데, 지금 비도 후사가 없으니 장순후의 예例에 준함이 마땅하겠으나, 뼈를 뿌리는 법이 불교에서 비롯된 것이어서 의거할 것이 못 되니, 터를 잡아서 후하게 장사지내고 봄가을의 제향祭饗을 영구히 하라"고 하였으나, 관리(有司)들이 아뢰어서 거행하지 않았다.[308]

불교식으로 화장을 했다는 기록이 있는 것으로 보아 많은 백성들은

---

307 김종서, 『신편 고려사절요』(상권), 민족문화추진회, 2004, p.453.

308 김종서, 『신편 고려사절요』(상권), 민족문화추진회, 2004, p.453.

화장법을 사용한 것 같다. 그리고 아들이 있는 왕비가 죽으면 무덤을 만들고, 아들이 없는 왕비가 죽으면 화장을 했던 것 같다. 그런데 아들이 없는 금관후 비가 죽자 왕이 특별히 명을 내려 매장을 하라고 했는데, 신하들이 반대하여 시행하지 못했다는 기록이다.

고려 선종 9년(1092) 6월 병인일에 왕태후가 백주白州 견불사見佛 寺에서 천태종예참법天台宗禮懺法 의식을 차렸는데 이것이 약 1만 일日 동안 계속되었다.[309]

이 기록을 통해 의천의 모친인 왕태후가 의천의 마음을 배려하고 있다는 것을 짐작할 수 있다. 왕태후는 의천이 천태종을 창종하려는 서원이 있음을 알았기에 이처럼 천태종의 예참법으로 기도하기를 발원하여 만 일 동안 계속했던 것으로 여겨지기 때문이다. 천태종예참 법이 어떤 내용인지는 구체적으로 알 수 없으나, 아마도 천태지자가 지었다고 하는 『법화삼매참의法華三昧懺儀』와 『마하지관摩訶止觀』의 법화참일 것으로 추측된다. 이 밖에 널리 행해진 천태의 예참으로는 송나라 초기 자운준식(慈雲遵式, 964~1032)의 『왕생정토참원의往生 淨土懺悔儀』 등이 있다. 이를 통해 보면 천태의 예참은 도량을 장엄하고 몸을 깨끗이 한 다음, 향을 사르고 꽃을 뿌리며, 불보살을 예배·찬탄하고, 참회·회향·발원하며, 불상의 주위를 돌고 『법화경』 등을 독송하며 앉아서 좌선하거나 염불하는 절차로 이루어졌을 것으로 본다.

---

309 박시형, 홍희유, 『북역 고려사』(제1책), 신서원, 1962, p.476.

특히 자운준식의 예참법은 극락왕생을 기원하는 아미타신앙과 밀접한 관련이 있다. 의천 이후 약 100년이 지나 전라남도 강진의 만덕산萬德山 백련사白蓮社가 천태종 중흥의 사찰로서 등장했는데, 1211년(희종 7) 원묘국사圓妙國師 요세了世가 보현도량을 열어 법화삼매를 행하였다. 백련사는 요세에 의하여 천태종 법화참법의 대표적 도량이 되었다. 백련사 도량에서의 법화참법의 내용은 『법화경』을 독송하고 법화삼매를 닦으며, 준제신주准提神呪 1,000번, 아미타불 1만 번을 염하고 극락정토에 왕생하기를 서원하는 것으로 자운준식의 예참법과 비슷하다. 이렇게 본다면 왕태후는 이미 요세가 나오기 100년 전에 법화참법을 선구적으로 행한 인물로 평가할 수 있을 것이다.

> 고려 선종 9년(1092) 송광사에서 새로 발견된 『인왕호국반야경소법형초仁王護國般若經疏法衡抄』 권5·6, 『성유식론소술기』 권6권에서 이러한 사실이 뚜렷이 밝혀지고 있다. 이 『인왕호국반야경소법형초』는 흥왕사가 아닌 금산사 광교원에서 그 당시 헌화사 주지인 소현韶顯이 송의 판경본을 저본으로 해서 선종 9년(1090) 7월에 간행하였다.[310]

송광사에서 발견된 금산사의 판각을 통해서 우리는 의천이 간행한 속장경은 주로 송나라의 판본을 저본으로 하여 간행했음을 알 수 있고, 금산사에서 그 당시 헌화사 주지인 소현韶顯 스님에 의해 이루어

---

310 최애리, 『신편제종교장총록의 편성체계 연구』, 동국대학교 대학원 불교학과 석사학위 논문, 2006, p.63.

졌다는 것을 통해 속장경의 간행이 매우 광범위하게 행해졌다는 것을 짐작할 수 있다. 아울러 금산사의 판각을 통해서 송나라 판본에 대한 연구를 할 수도 있게 된 것이다.

고려 선종 9년(1092) 8월에 이자위李子威를 상서우복야권지문하성사 겸 서경유수사尚書右僕射權知門下省事兼西京留守使로 삼았다. 당초에 자위가 재상宰相으로 송나라에 들여보낼 표문表文을 교열하면서 표문에다 요의 연호를 잘못 썼던 까닭으로, 송나라 조정에서 그 표문이 각하却下되었다. 이 책임으로 파직되었는데, 몇 달 되지 않아서 임금의 사랑받는 궁중 여인에게 간청하여 임명이 되었다.[311]

선종 시대 이자위는 재상이었는데 송나라에 보낼 표문에 요나라의 연호를 잘못 기록한 것을 감독하지 못하여 파직되었다가 궁중 여인에게 청하여 다시 임명되었다고 한다. 궁중 여인이 왕의 외척인지 궁녀인지는 모르겠으나 궁중 여인에게 간청하여 재임명되었다고 하니 이자위의 권력욕이 대단하였음을 짐작할 수 있다.

고려 선종 9년(1092) 9월에 왕태후가 서경에서 죽었다.[312]

왕태후는 가장 많은 아들을 왕위에 올렸으며, 아들을 불가에 출가까

---

311 김종서, 『신편 고려사절요』(상권), 민족문화추진회, 2004, pp.454~455
312 박시형, 홍희유, 『북역 고려사』(제1책), 신서원, 1962, p.477.

지 시켰다. 왕태후의 죽음은 대각국사의 의지처를 잃어버린 것과
같았다. 선종은 왕태후를 인예태후로 시호하였다.

고려 선종 9년(1092) 9월에 요에서 왕정王鼎을 보내와서 생신을
축하하였다.[313]

요나라에서는 고려왕의 생일날에 사신을 보내 왕의 생일을 축하였
다. 이것은 요나라가 고려를 멀리하지 않겠다는 의사를 보이는 단적인
증거이다.

고려 선종 10년(1093) 2월 갑진일에 송나라 명주 보신사報信使
황중黃仲이 우리나라에 왔다.[314]

선종 10년에는 송나라 사신이 와서 고려 전국의 동태를 살핀 것
같다.

고려 선종 10년(1093) 5월 경자일에 서울 동쪽에 홍호사弘護寺를
창건하였다.[315]

고려 선종 10년에 홍호사를 창건했는데, 홍호사는 개경 동쪽에

313 김종서, 『신편 고려사절요』(상권), 민족문화추진회, 2004, p.455.
314 박시형, 홍희유, 『북역 고려사』(제1책), 신서원, 1962, p.477.
315 박시형, 홍희유, 『북역 고려사』(제1책), 신서원, 1962, p.478.

세워져 왕의 초상을 봉안한 진전眞殿사원으로서 산직장상散職將相
2인이 예속된 왕실의 중요 원찰願刹이었다[316]고 한다.

고려 선종 10년(1093) 9월에 왕태후가 죽었다. 대릉戴陵에 장사하
고 시호를 인예仁睿라 하였다.[317]

왕태후의 죽음으로 의천에게 후원자가 사라졌다. 물론 형인 선종이
후원을 한다지만 어머니인 왕태후의 지원만은 못할 것이라는 점을
생각한다면, 의천이 의지를 가지고 추진하는 일에 힘이 반감된다고
보지 않을 수 없다.

고려 선종 10년(1093) 9월 정축일에 왕이 인예태후仁睿太后의 반혼
전返魂殿에 가서 소상小祥 제사를 지냈다.[318]

---

316 〔Daum백과〕홍호사 - 한국민족문화대백과사전, 한국학중앙연구원. 홍호사
는 개경 영수산靈秀山에 있었다. 『고려도경』에 홍호사洪護寺라는 절이 숭인문崇
仁門에서 동쪽으로 나가면 있었다고 한 점으로 보아 동일 사원일 것으로 추정된
다. 화엄종에 속한 사찰이었으며, 목종 때 문하시랑평장사門下侍郞平章事를
역임한 전주 유씨全州柳氏 유방헌柳邦憲의 손자인 유창운柳昶雲이 대각국사大覺
國師 의천義天에게 배우고 승통僧統의 승계를 받아 홍호사의 주지로 있었다.
그리고 최충의 후손인 최용崔湧의 장남 최준류崔俊流도 주지로 있었다. 한편
이의방이 명종 4년(1174) 귀법사歸法寺 승려들의 반란을 진압한 후 홍호사를
비롯하여 귀법사 및 중광사重光寺, 용흥사龍興寺, 묘지사妙智寺, 복흥사福興寺
등을 불태웠다고 한다.

317 김종서, 『신편 고려사절요』(상권), 민족문화추진회, 2004, p.455.

318 박시형, 홍희유, 『북역 고려사』(제1책), 신서원, 1962, p.478.

반혼제는 장사를 지낸 뒤에 신주神主를 집으로 모시고 올 때 지내는 제사이다. 소상은 고인이 죽은 지 만 1년이 되는 날 지내는 제사이므로, 인예태후가 죽은 지 1년 만에 지낸 제사이다. 그런데 인예태후의 반혼제를 지낸 기록에 불교 승려들에 대한 기록도 보이지 않고, 승려들이 기록한 내용도 보이지 않는다. 인예태후와 가장 인연이 깊은 의천의 모습이라도 기록을 했어야 하는데 의천에 대해서도 기록이 전혀 없다.

고려 선종 10년(1093) 겨울 10월에 송나라 명주明州에서 지첩사持牒使 왕곽王廓이 와서 태황태후太皇太后가 죽었음을 알렸다.[319]

송나라 태황태후(황제의 할머니)가 세상을 떠났다는 것을 고려에 전해주었다. 고려에서도 왕태후가 죽었다는 것을 알렸을 것이고, 송나라 태황태후의 장례식에 사절단을 보냈다고 보아야 한다.

고려 선종 11년(1094) 3월 왕이 구정에서 기도를 하였다.[320]

왕이 구정에서 기도를 했다면 승려들을 구정에 초대하였을 것이며 따라서 의천도 참여하였을 법하다. 고려의 전 승려가 참여하였을 텐데 이에 관한 기록은 없다.

---

319 김종서, 『신편 고려사절요』(상권), 민족문화추진회, 2004, p.457.
320 박시형, 홍희유, 『북역 고려사』(제1책), 신서원, 1962, p.479.

고려 선종 11년(1094) 여름 윤4월에 왕이 병이 났다.[321]

선종이 병이 들었다. 선종은 왕위를 이을 수 있는 동생들의 수가
많았다. 하지만 선종은 동생을 후계자로 삼지 않고 11살인 아들을
후계자로 정하고 죽었다.

고려 선종 11년(1094) 5월 임인일에 왕이 연녕전延寧殿 내침에서
죽었다. 그날 시체를 선덕전으로 옮겨 놓았다. 왕의 향년 46세요
재위 연수는 11년이었다. 시호는 사효思孝라고 하고 묘호는 선종
이라 하였으며, 성 동쪽에 장사하고 능호를 인능仁陵이라고 하
였다.[322]

선종은 자신의 후계를 동생들 중에서 정하지 않고 나이어린 왕자를
택하였다. 어린 왕자를 택한다는 것은 자신의 안위를 위하는 면에서는
인정할 수 있으나, 고려 사회 전체의 발전을 위해서는 바람직하지
못한 처사였다.

2) 현종 시대 의천의 해인사 은거

의천은 형인 선종의 죽음으로 인하여 모든 직책에서 물러났다고
할 수 있다. 왜냐하면 선종 사후에 그의 아들인 헌종獻宗이 왕위에
오르면서 인주 이씨가 장악하고 있는 헌화사의 법상종이 전성기를

321 김종서, 『신편 고려사절요』(상권), 민족문화추진회, 2004, p.457.
322 박시형, 홍희유, 『북역 고려사』(제1책), 신서원, 1962, p.479.

맞이했기 때문이다.

> 고려 선종 11년(1094) 의천은 5월에 화엄종 홍원사弘圓寺에 가서
> 가야산 해인사로 은퇴하였다.[323]

의천은 5월에 화엄종 홍원사라는 사찰에 머물다가 해인사로 들어갔다. 해인사로 간 것은 의천이 계획하고 있던 천태종의 개창에 대한 여건이 성숙되지 않아서였을 것이다.

> 고려 선종 11년(1094) 원자元子 욱昱이 유명遺命을 받들어서 중광
> 전重光殿에서 즉위하였다.[324]

헌종은 11살의 나이로 왕위에 올랐다. 그의 이름은 왕욱王昱이고 선종의 맏아들로 모친은 사숙태후思肅太后 이씨李氏이며 선종 원년 6월 을미일에 태어났다. 성품이 총명해 아홉 살 때부터 글과 그림을 좋아했으며 한 번 보고 들은 것은 잊어버리는 일이 없었다고 『고려사·세가』에는 기록하고 있다. 11살의 나이에 왕위에 오른 왕자는 사실 몸이 너무 허약해서 왕위에 오를 수 없는 상황이었다. 결국 어린 왕자가 왕위에 오르자 필연적으로 왕권의 약화를 가져올 수밖에 없었다. 따라서 이후 권력은 권문세가들에 의해 좌지우지되었다.

---

323 조명기, 「대각국사의 천태의 사상과 속장의 업적(『한국인의 사상가 10인 의천』, 예문서원, 2002), p.90.

324 김종서, 『신편 고려사절요』(상권), 민족문화추진회, 2004, p.458.

고려의 안정을 염원하는 백성들에게도 불행한 일이었고, 의천 또한 헌종이 왕위에 오르면서 승통의 자리에서 물러난 것으로 보인다. 당시 의천은 홍원사의 주지로 있었는데 조카인 헌종이 왕위에 오르자 직책과 소임을 다 내놓은 것이다.

> 고려 헌종(1095) 6월 초하루 정오일 어머니를 높여서 태후라고 하였다.[325]

고려 제14대 국왕(재위 1094~1095) 오른 헌종은 자신의 모친 이씨를 태후로 삼고 중화전에서 집무를 보게 하였다. 즉 헌종은 어린 나이에 왕위에 오른 데다 소갈증 등 병약하여 1094년부터 1095년까지 재위하는 동안 선종의 왕비이자 헌종의 모후인 사숙태후思肅太后가 섭정하였던 것이다. 모친 이씨를 태후로 삼은 데에는 바로 사숙태후와 사촌간인 이자의의 역할이 있었다. 이후 이자의는 고려에서 새로운 권력을 장악하고자 음모를 도모한다.

> 고려 헌종(1095) 5월 소태보·이자위를 문하시랑 평장사로, 유석을 상서좌복야로, 임개를 참지정사로, 이자의李資義를 지중추원사로, 최사추崔思諏를 동지중추원사 좌산기상시同知中樞院事左散騎常侍로 삼았다.[326]

325 박시형, 홍희유, 『북역 고려사』(제1책), 신서원, 1962, p.480.
326 김종서, 『신편 고려사절요』(상권), 민족문화추진회, 2004, p.459.

이자의는 태후에 기대어 권력을 장악하였다.

고려 헌종(1095) 6월에 송나라 도강都綱 서우徐祐 등 69명과 탁라乇羅에서 고적高的 등 1백 94명이 와서 왕의 즉위를 축하하고 토산물을 바쳤다.[327]

송나라에서는 11살의 헌종이 고려왕으로 즉위하자 이를 축하하고 토산물을 보내왔다.

고려 헌종(1095) 6월에 조선공朝鮮公 도숙燾와 계림공鷄林公 희熙를 수태사守太師로, 상안공常安公 수璹·부여공扶餘公 수㸂를 수태보守太保로, 진한후辰韓侯 유愉와 한산후漢山侯 균昀과 낙랑백樂浪伯 영瑛을 수사도守司徒로 삼았다.[328]

11살 헌종은 무장들로 하여금 자신을 수호하도록 임명하였다. 이것은 권력이 무장들에게로 돌아갔다는 것을 의미한다.

고려 13대 헌종 원년(1095) 왕국모王國髦를 권상서병부사權尙書兵部事로 삼았다. 왕실은 미약한데 권력이 무장武將에게 돌아가니 식자들이 탄식하였다.[329]

---

327 박시형, 홍희유, 『북역 고려사』(제1책), 신서원, 1962, p.480.
328 김종서, 『신편 고려사절요』(상권), 민족문화추진회, 2004, p.459.
329 김종서, 『신편 고려사절요』(상권), 민족문화추진회, 2004, p.461.

나라의 권력이 무장에게 돌아갔다는 점에 대하여 식자들이 탄식을 했다고 한다. 나라가 안정되고 부강하게 되게 위해서는 왕권이 튼튼해야 하는데 거꾸로 왕권이 나약하게 되어가자 지식인들이 한탄했다는 말이다.

고려 13대 헌종 원년(1095) 2월 경진일에 연등회를 열고 왕이 봉은사에 갔다.[330]

고려의 왕들은 연등회를 열고 봉은사에 가서 참배를 하는 것이 상례였다. 왜냐하면 봉은사는 고려를 건국한 태조 왕건의 진영을 모신 사찰이기 때문이다. 왕이 참배를 하는 것은 정통성을 확인하기 위함이기도 하다.

고려 13대 헌종 원년(1095) 송나라 상인 황충黃冲 등 31명이 자은종慈恩宗 승려 혜진惠珍과 함께 왔으므로, 근신에게 맞이하여 보제사普濟寺 개성開城에 머물도록 명하였다. 혜진이 항상 말하기를 "보타락산普陁落山 성굴(聖窟: 강원도 양양襄陽 낙산사洛山寺의 관음굴)을 보고자 하여 왔다" 하며, 가서 보기를 청하였으나 윤허하지 않았다.[331]

자은종은 당나라 때 인도를 다녀와서 법상(유식)종을 창도한 현장

---

330 박시형, 홍희유, 『북역 고려사』(제1책), 신서원, 1962, p.484.
331 김종서, 『신편 고려사절요』(상권), 민족문화추진회, 2004, p.461.

법사玄奘法師가 당시 장안의 자은사에서 경전을 번역했기에, 법상종
法相宗을 자은종이라고도 한다. 혜진이란 승려는 송나라 법상종의
승려로서 헌종 원년에 고려에 왔다가, 숙종을 만나(숙종 1년, 1096)
한림원翰林院에서 사식賜食하였으며 명오삼중대사明悟三重大師가 된
승려이다. 그런데 이때는 무슨 까닭인지 해동의 보타산이라 불리는
낙산사를 참배하려 하였으나 허락하지 않았다.

> 고려 13대 헌종 원년(1095) 5월 병신일에 왕태후가 현화사玄化寺에
> 가서 선종의 소상小祥에 재齋를 차렸다.[332]

헌종이 법상종의 본거지인 현화사에 참배를 한 것을 보면 법상종
승려들의 후원을 받고 있었다는 것을 짐작할 수 있다. 법상종 승려들의
지지를 얻었던 것은 인주 이씨의 후원을 받은 이자의의 힘이 있음을
말함이다.

> 고려 13대 헌종 원년(1095) 5월에 유석을 판삼사사로, 이예李預를
> 정당문학 형부상서로, 이자의를 중추원사로, 손관孫冠을 지중추
> 원사 한림학사 승지로 삼았다.[333]

고려 왕실을 지키려고 하는 것이 아니라, 스스로 고려를 통치하려고
이자의가 권력을 장악해 가는 과정을 볼 수 있다.

---

332 박시형, 홍희유, 『북역 고려사』(제1책), 신서원, 1962, p.484.
333 김종서, 『신편 고려사절요』(상권), 민족문화추진회, 2004, p.461.

208

고려 13대 헌종 원년(1095) 6월에 왕이 건덕전에서 목차계木叉戒를
받았다.[334]

헌종도 다른 왕들과 같이 보살계를 받았다는 기사이다. 고려는
불교국가이므로 왕이 수계를 받는 것은 어찌보면 당연히 거쳐야
할 절차이기도 하지만, 다른 한편으로는 불교를 통치할 수 있는 정당성
을 부여받는 정치적 행위라고 말할 수도 있다. 예컨대 고려에서는
왕이 각 사찰의 주지를 임명했다고 하니, 이는 왕이 불교를 통치하는
행위의 하나이다. 목차木叉는 바라제목차(波羅提木叉, Paratimoksa)의
음역을 줄인 말로서 해탈하여 벗어난다는 뜻으로 별해탈別解脫, 별해
탈계別解脫戒라 번역되기도 한다. 일반적으로는 승려가 지켜야 할
계율에 관한 조항을 모아둔 것을 바라제목차라 하는데, 여기서의
목차는 재가자가 받는 보살계를 말한다.

고려 13대 헌종 원년(1095) 당초에 선종이 상서尙書 이석李碩의
딸을 후后로 삼아 왕을 낳았고, 또 시중 이정李顗의 딸 원신궁주元信
宮主에게서 한산후漢山侯 윤昀을 낳았던 것인데, 왕이 어리고 병약
하여 국정을 처결하지 못하므로, 모후母后가 국사를 전담하고
좌우들은 그 사이에서 망설였다. 중추원사 이자의는 원신궁주의
오빠인데 재물을 탐내며 무뢰배無賴輩 중 날쎄고 용맹 있는 자를
모아서 말타기·활쏘기를 일삼았다. 항상 말하기를 "지금 임금은
병이 있어 아침저녁으로 보전하기 어렵고, 외저(外邸: 왕자의 사저

334 박시형, 홍희유, 『북역 고려사』(제1책), 신서원, 1962, p.485.

私邸)에서 왕위를 엿보는 자 있으니, 너희들은 한산후漢山侯를 힘껏 받들어서 신기(神器: 왕위)를 딴 사람에게 돌아가지 말게 하라" 하더니, 이때에 이르러서 군사를 궁중에 모으고 장차 일을 일으키려 하였다. 계림공鷄林公 희熙가 명복궁明福宮에 있다가 몰래 알고 소태보邵台輔에게 효유하기를 "국가의 안위가 재상에게 달렸는데, 이제 일이 급박하니 공公은 도모하라"고 하였다. 태보는 상장군上將軍 왕국모王國髦에게 군사를 거느리고 들어와서 호위하게 하고, 장사壯士 고의화高義和를 시켜 이자의와 그 당파인 합문지후閤門祗候 장중張仲·중추원 당후관中樞院堂後官 최충백崔忠伯을 선정원에서 베어 죽이고, 군사를 나누어서 이자의의 아들 주부主簿 작綽과 장군 숭렬崇烈·택춘澤春 등 17명을 잡아서 모두 죽였으며, 문하시랑 평장사 이자위李子威와 소경少卿 김의영金義英·사천소감司天少監 황충현黃忠現 등 50여 명을 남쪽 변방에 귀양 보내고 적당賊黨의 처자妻子를 적몰籍沒하여 양계兩界 주·진州鎭의 노비奴婢로 만들었다. 이자위가 이자의와 결탁하고 정권을 전단專斷한 까닭으로 화를 당하였다. 당시 사람들이 나무라기를 "선종宣宗은 사랑하는 아우가 5명이나 있었는데도, 어린 왕자에게 왕위를 전하여 이런 변란이 일어났다"고 하였다.[335]

헌종 즉위 후에 고려에서는 일대 변란이 발생하였다. 이자의가 원신궁주의 아들인 한산후 윤昀을 왕으로 추대하려는 반란이 일어난 것이다. 국왕이 있는 상황에서 다른 왕을 모시려고 한 사건이다.

---

335 김종서, 『신편 고려사절요』(상권), 민족문화추진회, 2004, p.463.

이 사건으로 인하여 헌종은 위기를 맞게 되었다. 하지만 헌종의 숙부 계림공에 의해 난이 진압되었다. 이 사건에 대해서는 인주 이씨仁州李 氏와 왕실이 혼인으로 밀착되어 있는 상황에서 실제 이자의가 난을 도모했다는 설과 반대로 계림공(뒤의 숙종)이 정권을 잡기 위해 사건 을 꾸며냈다는 설이 있다. 특히 후자의 의견은 이 난에 참여한 사람들 의 수가 지나치게 적은데다가 너무 쉽게 진압되었고, 난을 꾸민다는 내용을 아무런 전언자도 없이 계림공만이 어떻게 알 수 있었겠는가 하는 의문에서 비롯한다. 계림공 왕희(王熙. 뒤에 왕옹王顒으로 개명)는 문종의 셋째 아들로 부지런하고 검소하며 과단성이 있고, 오경五經· 제자서諸子書·사서史書 등에 해박하였다. 문종의 큰 기대를 받아 "뒷 날에 왕실을 부흥시킬 자는 너다"라는 평을 받았다. 그는 1065년(문종 19) 2월에 계림공鷄林公에 봉해졌다. 친조카인 헌종이 어린 나이로 즉위하자 1년 만에 왕위를 찬탈하여 1095년에 즉위하게 된다.[336] 여하 튼 이때 헌종은 숙부인 계림공 덕분으로 반란의 화를 면하였다.

> 고려 13대 헌종 원년(1095) 갑신일에 명령을 내려 동경東京에
> 있는 황룡사皇龍寺 탑塔을 수축하게 하였다.[337]

경주에 있는 황룡사의 탑을 보수했다는 기록이다. 이때는 아직 몽골이 침입하기 이전이므로 황룡사 탑이 건재하고 있음을 볼 수 있다.

---

336 〔Daum백과〕숙종 – 한국민족문화대백과사전, 한국학중앙연구원
337 박시형, 홍희유, 『북역 고려사』(제1책), 신서원, 1962, p.485.

고려 13대 헌종 원년(1095) 9월 병신일에 이자의의 도당인 병부원외랑 김덕충金德忠을 먼 지방으로 추방하였다. 무술일에 다음과 같은 조서를 내렸다. "일전에 권력을 잡은 간신들이 반란을 도모하다가 처단되었던 바, 이것은 오로지 여러 장상將相들이 충성을 다한 결과이다. 비록 반란은 소탕되었다 할지라도 경각성을 더욱 높이고 자신을 반성해야 할 것이다. 일체 억울한 죄수들을 관대하게 용서하며 서울과 지방에서 속금을 바치게 된 소소한 죄는 모두 면죄해주도록 하라."[338]

헌종은 반란에 참여했던 자들을 모조리 추방했는데, 이것은 이자의의 잔당들의 준동을 지켜보지 않겠다는 의지로 보인다. 하지만 잔당들을 제거하는 데 있어 헌종은 언제나 숙부 계림공의 힘에 의지할 수밖에 없었다. 이제 권력은 계림공에게로 넘어간 것이다.

고려 13대 헌종 원년(1095) 겨울 10월 기사일에 제制하기를 "짐이 선고先考의 남기신 업業을 받들어서 외람되이 대위大位에 올랐으나, 나이가 어리며 몸도 또한 병들고 파리하여 능히 나라의 대권을 총람하여 백성들의 기대를 충족시키지 못하고, 음모와 이의異議가 권문權門에서 번갈아 일어났고, 역적과 난신이 여러 번 궁중에 범했는 바, 이것은 모두 박덕한 소치라 임금 노릇하기가 어려움을 항상 생각하였노라. 큰 숙부 계림공鷄林公 희熙는 역수曆數가 그의 몸에 있으므로, 귀신과 사람이 그에게 역적을 제거하는 데 손을

---

338 박시형, 홍희유, 『북역 고려사』(제1책), 신서원, 1962, pp.485~486.

빌렸다. 아, 너희 여러 사람들은 이분을 받들어서 대위大位를 잇게 하라. 짐은 마땅히 후궁으로 물러나서 잔명殘命을 보전하리라" 하고, 이에 근신 김덕균金德鈞 등에게 명하여 종저宗邸에 가서 계림공을 맞이하게 하니, 공이 굳이 사양하다가 두세 번 만에 궁중에 들어와서 경오일에 중광전重光殿에서 즉위하였다.[339]

헌종은 더 이상 고려를 지킬 수도 없고 왕으로서의 역할을 할 수가 없다고 판단했는지, 아니면 강압에 견디지 못했는지는 알 수 없지만, 이자의의 난을 진압했던 숙부 계림공을 청하여 고려 국왕으로 추대하였다.

3) 고려 14대 숙종 시대

헌종은 숙부 계림공에게 왕이 되어줄 것을 여러 번 청하였다. 물론 계림공은 계속 거절하였다. 하지만 헌종은 숙부 계림공이 고려를 바르게 이끌어주기를 거듭 간청하였다. 계림공은 헌종의 간절한 청에 더 이상 거절을 하지 못하고 왕위를 이을 것을 수락하였다. 이에 헌종은 왕위에서 물러났다. 헌종은 선위에 의해 왕위를 숙부인 계림공에게 물려주었지만, 실제로는 계림공과 그를 따르는 대신들의 압박에 의한 왕위 찬탈이라고도 할 수 있다. 후궁으로 물러나 있던 헌종은 왕위를 찬탈한 숙종에 대한 두려움을 이기지 못하고 14살인 1097년 2월에 후궁인 홍성궁興盛宮에서 죽었으며, 개성의 온릉에 장사지냈다.

---

339 김종서, 『신편 고려사절요』(상권), 민족문화추진회, 2004, p.465.

고려 14대 숙종(1095) 겨울 10월 기사일에 왕이 되었다. 이름은
옹顒이며 자는 천상天常인데, 처음 휘는 희熙였다. 선종宣宗의
동복아우로서 문종文宗 8년 갑오 7월 기축일에 났다. 어려서부터
총명하고 슬기로웠으며, 자라서는 효도하고 공경하며, 부지런하
고 검소하며, 웅걸스럽고 굳세어 과단성이 있고, 오경·제자서諸子
書와 사서를 해박하게 열람하지 않은 것이 없었다. 문종이 사랑하
여 항상 말하기를, "뒷날에 왕실을 부흥시킬 자는 바로 너다"라고
하였다. 선종 9년에 대가大駕를 호종하여 서경西京에 갔는데, 그가
머물던 막차幕次 위에 자기紫氣가 날아오르니, 망기望氣하는 사람
이 왕자王者의 상서라 하였다. 왕위에 있은 지는 10년이었고,
수壽는 52세였다.[340]

계림공(숙종)은 헌종의 간절한 요청에 의해 왕위에 올랐다. 문종의
사랑을 받았던 셋째 왕자가 왕위를 받게 된 것이다. 숙종은 왕위에
오른 후에 권력을 장악하기 위하여 이자의의 친동생 원신궁주와
두 아들을 멀리 귀양보냈다. 한편, 의천은 숙종에게 다음과 같은
표를 올렸다.

고려 14대 숙종(1095) 10월 15일 신 아무개는 아룁니다. 이달
15일 대왕 전하께서 큰 포부를 공손히 이어 천명을 삼가 받으시니
사람과 신이 모두 기뻐하고 종묘宗廟가 의지할 바가 있게 되었습니
다. 신이 듣건대 태갑太甲을 추방하여 은나라를 편안하게 하고

---

340 김종서, 『신편 고려사절요』(상권), 민족문화추진회, 2004, pp.468~469.

창읍昌邑을 폐해서 한나라를 편안하게 했다 하였으니, 저 두 시대
가 옛날에 행하여졌고 삼한三韓은 오늘에 계승하였기에 모든 것이
밝게 임하는 데 있으니 경사의 기쁨을 함께 더할 뿐입니다.[341]

의천이 형인 숙종의 즉위를 경하하는 표를 올린 시기는 해인사에
있었던 때인 듯하다.

고려 14대 숙종(1095) 10월 원신궁주元信宮主 이씨李氏와 그의
아들 한산후韓山侯 형제 2명을 경원군慶源郡에 귀양 보냈다.[342]

원신궁주는 이자의의 친동생이었다. 숙종은 왕위에 오르자마자
정치적으로 강한 모습을 보이기 위하여 단호하게 처리하지 않고서는
자신의 권력에 문제가 있을 수 있다고 판단하였다. 그리하여 왕권에
도전하는 모든 세력들을 단호하게 처리하는 모습을 보였다.

고려 14대 숙종(1095) 10월 조선공朝鮮公 도燾를 식읍 5천호 식실봉
食實封 5백호로 봉하고, 부여공扶餘公 수燧를 수태부守太傅로 삼고
식읍 3천호 식실봉 3백호로 봉하였으며, 진한후辰韓侯 유愉와
상서령 낙랑백尙書令樂浪伯 영瑛은 개부의동삼사로, 낙랑후樂浪侯
황중보黃仲寶를 상서 좌복야로, 윤신걸尹莘傑을 용호상장군 병부
상서로, 황유현黃兪顯을 공부상서로, 최적崔迪을 금오위 상장군

341 동국역경원, 『大覺國師文集』(外), 2001, pp.105~106.
342 리만규 리의섭, 『북역 고려사』(제2책), 신서원, 1963, p.1.

섭형부상서金吾衛上將軍攝刑部尚書로 삼고, 그 밖에 등급을 뛰어넘어서 벼슬자리가 옮겨진 자가 수백 명이었으며, 공장·상인과 조예(皂隷: 관청에 소속된 종)들도 높은 관직에 제수된 자가 있었으나, 신하들이 감히 말하지 못하였다.[343]

숙종은 왕위에 오르자 대대적으로 관리를 재임명했는데, 이것은 자신이 실현할 수 있는 정치적인 조건을 마련하기 위한 조치라고 보인다.

고려 14대 숙종(1095) 11월 신봉루神鳳樓에 나아가서 참형斬刑 교형絞刑 이하 죄수들을 놓아주고 명산대천名山大川에다 덕호德號를 붙였으며, 백성들 중에서 나이 80세 이상 되는 노인 및 중환자, 폐질자와 의부義夫·절부節婦·효자·순손順孫·홀아비·과부·고아·자식 없는 늙은이에게 음식을 차려주고 물품을 차등 있게 주었으며 각 색色 군인에게 준 쌀과 포布도 차등이 있었다.[344]

숙종은 백성들을 위하여 문종과 같은 정치력을 발휘하려고 하였다. 숙종은 어릴 때부터 부왕인 문종의 온화한 정치를 옆에서 보고 학습하기도 했을 것이다. 자신이 왕이 되자 백성들에게 인정을 베풀었으며, 그들의 고달픈 생활에 대하여 관심을 기울여 조치를 강구하였다.

343 김종서, 『신편 고려사절요』(상권), 민족문화추진회, 2004, p.466.
344 리만규 리의섭, 『북역 고려사』(제2책), 신서원, 1963, pp.3~4.

고려 14대 숙종(1095) 11월 최유거崔惟擧를 요에 보내어 공물을
바치고, 최용규崔用圭는 하정賀正하고, 동팽재董彭載는 천안절天
安節을 축하하였다.[345]

숙종은 송나라와의 외교적인 역할을 하면서도 요나라에 사신을
보내 조공을 하였다. 이는 고려가 송나라 및 요나라와 균형외교를
도모하기 위함으로 보인다.

고려 14대 숙종(1095) 11월 병오일에 팔관회八關會를 열고 왕이
신봉문神鳳門에 나가서 서울과 지방에서 올리는 축하를 받았다.
왕이 그 길로 법왕사法王寺에 갔다.[346]

숙종은 부왕 문종이 실현하고자 했던 불교 정책을 그대로 실천하였
고, 그러한 실천을 통해서 백성들에게 자비심을 보여주었다.

고려 14대 숙종(1095) 12월에 요의 사신 유직이 돌아갈 때에 표문表
文을 부쳐 보냈는데, 전 왕의 표문에 "내가 원래 병약한 몸으로
외람되게 중한 소임을 맡았더니, 복에 과했던 소치로서 병이 점점
깊게 되어 국사를 맡는 것이 곤란하고 몸 움직임도 자유롭지
못하므로, 골육지친을 천거하여 임시로 국사를 보살피게 하고,
가예(家隸: 자기 집의 종. 여기서는 신하임)를 딸려 보내어 천총天聰

345 김종서, 『신편 고려사절요』(상권), 민족문화추진회, 2004, p.467.
346 리만규 리의섭, 『북역 고려사』(제2책), 신서원, 1963, p.4.

에 아뢰었더니, 이제 외람스럽게도 자애慈愛를 받아, 특히 사신을 보내시어 조칙의 말씀에 위안과 가르치심이 간곡하고, 보배로운 물품을 더욱 후하게 내려주실 줄을 어찌 생각하였겠습니까. 그러나 이 몸이 허약하여 일어나지 못하고 신왕新王에게 대신 받게 하여 더욱 황송합니다. 백 번이나 죽었다가 다시 태어날 때까지 큰 은혜에 조금이라도 보답할 것을 맹세합니다" 하였다. 왕의 표문에는 "국왕 신 모某는 오랫동안 깊은 병중에 있어서 보지도 서지도 못하는데, 마침 갑작스레 은택을 받자왔으나 몸소 영접할 수 없으므로, 신이 임시로 번방藩邦을 지키면서 크게 주심을 대신 받아서, 그 받은 조서와 여러 가지 물품은 모두 전 왕에게 이미 전했습니다" 하였다.[347]

숙종은 요나라의 사신에게 헌종이 요 황제에게 전하는 서신을 보냈다. 이는 전 왕이 작성했던 내용이지만, 사실은 숙종과 요나라 황제와의 관계를 설명하는 내용이라고 보아야 한다.

고려 14대 숙종(1095) 12월 최사추崔思諏를 이부상서吏部尙書 참지정사로, 김선석金先錫을 추밀원사樞密院使로, 황종각黃宗慤을 지추밀원사로, 황형黃瑩을 예부상서禮部尙書 동지추밀원사同知樞密院使로 삼고, 이날 황주목黃州牧 부사副使 이위李瑋를 상서우사원외랑尙書右司員外郎으로 임명하였다. 이위가 청렴하고 부지런한 것과 백성을 사랑하는 데 대하여 이를 가상히 여겨 그의 임기가

---

347 김종서, 『신편 고려사절요』(상권), 민족문화추진회, 2004, pp.467~468.

채 차기 전에 불러 올려 이 벼슬을 준 것이었다.[348]

숙종은 백성들을 위하여 무엇을 할 것인가에 대한 연구를 한 것 같다. 그가 백성들을 위하는 정책을 실천하기 위하여 노력한 점이 엿보인다.

고려 14대 숙종 원년(1096) 봄 정월 동여진에서 아부한阿夫漢·고란 곤高蘭昆·두문豆門 등 179명이 와서 토산물을 바쳤다. 조詔하기를 "짐이 선왕의 검소하셨던 덕을 이어받아 행하고자 하여 음식의 가짓수를 감하고 기호嗜好대로 다하지 아니하는데, 근래에 들으니 '내외의 풍속이 사치를 좋아함이 한도가 없어서 음식에도 잔과 쟁반이 지나치게 많아 풍속을 상하게 한다' 하니, 마음이 매우 통탄스럽다. 이제부터는 마땅히 등급을 정하고, 어사대에서 규찰 하게 하라" 하였다.[349]

숙종이 왕위에 오른 것을 축하하기 위하여 동여진에서는 토산물을 바친 것이다. 동여진으로서는 고려와의 관계를 원만히 가지는 것이 중요한 문제였고, 고려로서는 동여진에 대해 전부터 정치력을 행사해 왔음을 말해주고 있다.

고려 14대 숙종 원년(1096) 무오일에 왕의 생일을 대원절大元節이

---

348 리만규 리의섭, 『북역 고려사』(제2책), 신서원, 1963, p.5.
349 김종서, 『신편 고려사절요』(상권), 민족문화추진회, 2004, p.469.

라 하였다.[350]

숙종은 자신의 생일에 잔치를 거행했는데, 생일잔치를 대원절이라
고 하였다. 숙종이 왕위에 오르면서 전 왕인 헌종이 요나라에 보냈던
문건을 공개했던 것 같다. 그 내용은 헌종 자신이 몸이 허약하다는
것을 알리고 있는데, 이것은 숙종이 왕으로 즉위한 정당성을 얻기
위함이기도 하다.

고려 14대 숙종 원년(1096) 2월 을해일에 연등회燃燈會를 열고
왕이 봉은사奉恩寺에 갔다.[351]

숙종은 2월에 연등회를 열고 봉은사에 가서 참배를 했는데, 봉은사
는 태조 왕건의 진영이 봉안된 사찰이기에 왕이 되면 마땅히 참배를
하는 사찰이다.

고려 14대 숙종 원년(1096) 무오일에 왕이 건덕전乾德殿에 나가서
복시覆試를 보이고 김보신金輔臣 등에게 급제를 주었다.[352]

숙종 원년에 복시라는 과거 시험을 치렀는데 김보신이 급제를
하였다. 복시는 원칙적으로 예부시의 합격자를 대상으로 하여 실시하

---

350 리만규 리의섭, 『북역 고려사』(제2책), 신서원, 1963, p.6.
351 리만규 리의섭, 『북역 고려사』(제2책), 신서원, 1963, p.7.
352 리만규 리의섭, 『북역 고려사』(제2책), 신서원, 1963, p.8.

는 재시험으로서, 983년(성종 2)에 처음 실시되어 1120년(예종 15)을 마지막으로 모두 34회 실시되었다. 이를 왕대별王代別로 보면 성종 때 3회, 현종 때 7회, 문종 때 10회, 선종 때 3회, 숙종 때 5회, 예종 때 6회이다. 따라서 이는 과거가 실시될 때마다 시행된 것은 아니다.[353] 숙종은 모두 5번의 복시를 실시했다고 하는데, 이번 복시는 그중 첫 번째인 것으로 보인다.

> 고려 14대 숙종 원년(1096) 5월 무신일에 건덕전乾德殿에 금강경도량金剛經道場을 베풀어 비를 빌었다.[354]

숙종은 금강경도량을 개설했는데, 이것은 바로 선종 승려들이 중요시하는 경전을 알리기 위함이기도 하다. 숙종은 법상종 승려들을 견제하기 위하여 선종 승려들을 위한 금강경도량을 설치한 것이 아닌가 한다.

> 고려 14대 숙종 원년(1096) 가을 7월 문덕전文德殿에 나아가서 역대 깊이 간직했던 문서를 열람하고 부질部帙이 완전한 것은 나누어서 문덕전 어서방御書房과 장령전長齡殿 비서각祕書閣에 간직하고, 또 양부兩府의 재신宰臣 및 고원誥院·사한史翰·내시문신內侍文臣에게 차등 있게 나누어 주었다.[355]

353 〔Daum백과〕복시 – 한국민족문화대백과사전, 한국학중앙연구원.
354 리만규 리의섭, 『북역 고려사』(제2책), 신서원, 1963, p.9.
355 김종서, 『신편 고려사절요』(상권), 민족문화추진회, 2004, p472.

고려 14대 숙종 원년(1096) 7월 정미일에 문종의 기신도량忌辰道
場[356]과 관련하여 왕이 흥왕사興王寺에 가서 분향을 하였다.[357]

숙종이 흥왕사에 가서 분향을 했다는 것은 정치적인 포석이 깔린
행동으로 보인다. 흥왕사는 문종 때 국력을 결집해 창건한 절로 초대
주지 의천이 속장경을 간행했던 곳으로 유명하며, 대장경 주조와
함께 고려불교를 대표하던 거찰이다. 숙종은 부왕인 문종의 불교정책
을 이어받아 흥왕사를 통해 불교를 다시 부흥시키려 한 것은 아닌가
한다.

고려 14대 숙종 원년(1096) 8월 동각東閣에는 국가원로를, 좌우동
락정左右同樂亭에는 서민의 늙은이를 모아 향연饗宴을 베풀었는
데, 왕이 백관을 거느리고 친히 음식을 권하고 이어 의복·폐백·실·
솜(綿)을 차등 있게 하사하였다.[358]

숙종은 국가의 원로들에게 음식을 대접하고 백성들 중 나이 든
이들에게 잔치를 베풀었는데, 이는 일종의 복지정책이자 원로정치의
실행이라 할 수 있다.

---

356 기신도량은 휘신도량諱辰道場이라고도 한다. 왕실에서 국왕이나 왕후의 기일忌
日에 제사지내는 불교의식 도량이다. 고려에서는 성종이 아버지 대종戴宗과
어머니 선의왕후宣義王后의 기일을 맞아 사찰에서 각기 5일과 3일 동안 불공을
드리게 한 뒤부터 일반화되었다.

357 리만규 리의섭, 『북역 고려사』(제2책), 신서원, 1963, p.10.

358 김종서, 『신편 고려사절요』(상권), 민족문화추진회, 2004, p.472.

고려 14대 숙종 원년(1096) 9월 경인일에 왕이 인예태후仁睿太后의
기신도량과 관련하여 국청사國淸寺에 가서 분향을 하고 겸하여
진전(眞殿: 임금의 화상을 둔 곳)에 제사를 지냈는데, 이것을 항례로
하였다.[359]

숙종은 인예태후의 기일에 국청사에 가서 분향을 했는데, 국청사는
1089년(선종 6)에 착공하여 1095년에 낙성한 인예태후의 원찰願刹이
자 천태종의 종찰宗刹이었다. 또 인예태후의 영정을 봉안한 진전眞殿
이 있었다고 한다.

고려 14대 숙종 원년(1096) 9월 무신일에 송나라의 승려들인 성
총省聰, 혜진惠珍을 각각 명오삼중대사明悟三重大師[360]로 임명하
였다.[361]

1095년(헌종 1)에 송나라의 명승인 성총과 혜진이 송나라 상인
황충黃沖 등 30인과 함께 고려에 와서 홍법했는데, 아마 고려 불교사회
에 많은 영향을 준 것 같다. 그래서 숙종이 그들을 삼중대사로 임명한
것으로 보인다.

---

359 리만규 리의섭, 『북역 고려사』(제2책), 신서원, 1963, p.10.
360 삼중대사는 승려에게 준 승계僧階의 하나이다. 승려가 승과僧科에 합격하면
대선大選이라는 승계를 받았고, 이후 대덕大德, 대사大師, 중대사重大師, 삼중대
사의 순으로 승진하였다고 한다. 명오明悟는 존칭으로 보인다.
361 리만규 리의섭, 『북역 고려사』(제2책), 신서원, 1963, p.11.

고려 14대 숙종 원년(1096) 9월 계축일에 왕이 회경전會慶殿에서
3일 동안 『인왕반야경』을 강론케 하고 승려 1만 명에게 친히
음식을 대접하였다.[362]

『인왕반야경仁王般若經』은 우리나라 호국불교의 근본경전으로,
『법화경法華經』, 『금광명경金光明經』과 함께 호국삼부경의 하나이
다. 이 경의 제5 「호국품」에 나오는 인왕백고좌법회는 신라 때부터
시작되어 고려에서도 크게 성행하였다. 숙종도 즉위 원년에 호국정신
을 고양하는 인왕백고좌법회를 열었던 것이다.

고려 14대 숙종 원년(1096) 10월 송나라 상인 홍보洪輔 등 30명이
와서 토산물을 바쳤다.[363]

송나라 상인들이 고려 왕실에 토산물을 바쳤다. 이것은 고려가
송나라의 교역국으로 주요한 위치에 있었음을 보여준다.

고려 14대 숙종 원년(1096) 11월 신축일에 팔관회를 열고 왕이
법왕사法王寺에 갔다.[364]

숙종은 왕위에 오른 이후에 인왕백고좌법회와 비슷한 취지로 팔관

---

362 리만규 리의섭, 『북역 고려사』(제2책), 신서원, 1963, p.11.
363 김종서, 『신편 고려사절요』(상권), 민족문화추진회, 2004, p.474.
364 리만규 리의섭, 『북역 고려사』(제2책), 신서원, 1963, p.11.

회를 개최한 것으로 보인다. 즉 새로운 왕이 등극하여 부처님의 가피에 의해 나라가 지켜지고 백성이 평안해질 것이라는 의미를 담고 팔관회를 연 것으로 보인다. 이러한 불교적 행사는 불교국가로서의 고려의 위상을 보여준다.

제5장 숙종 시대 의천의 천태종 창종

제1절 숙종 시대의 불교

의천은 국청사가 낙성이 된 이후에 천태종을 창종하기 위하여 교류했던 종파의 승려들과 함께 모임을 구성한 것으로 보인다. 그 모임에서는 의천을 중심으로 신라 하대에 전래되었던 선종의 활동성에 대한 연구를 하였을 것이다. 신라 하대에 각 지역에 형성되었던 선종 세력과 고려에서 강력한 힘을 가진 법상종과 화엄종의 승려들과 함께 고려 천태종을 창종하는 준비를 하였을 것으로 보인다.

　고려 숙종 2년(1097) 3월 경신일에 전 왕을 은릉隱陵에 장사하고 요遼의 동경東京에 이첩하기를 "전 왕이 별저別邸로 물러난 이래로 병세가 날로 더해져서 윤달 19일에 서거하여서 이제 장사를 마쳤습

226

니다. 전 왕의 유명遺命에 이르기를 '전일에 요의 황제에게 정무政務에서 물러나기를 청했던 바, 다행하게도 윤허를 받아서 물러나 잔명을 휴양하는 중이나 근래에는 병이 극도로 심하여져서 어찌할 도리가 없게 되었다. 초상과 장사 등 모든 일은 검소·간략하게 함이 마땅하니, 모름지기 대조大朝에 알리거나 하여 번거롭게 하지 말라' 하였으므로 이에 전 왕의 유명에 따라 감히 사신을 보내 상을 고하지 못하였습니다" 하였다. 뒤에 예종睿宗이 즉위하여 시호를 공상恭殤이라 고치고 묘호는 헌종獻宗이라 하였다.[365]

숙종은 조카인 헌종이 사망하자 능을 마련하였으나 묘호를 정하지 못하였다. 이것은 바로 권력에 대한 변화를 말해주고 있다. 묘호를 정하지 못한 것은 이자의의 세력들이 아직도 도처에서 권력을 노리고 있음을 반증하고 있다. 인주 이씨 집안 최고의 승려이자 현화사 주지로서 법상종을 이끌던 승통 소현韶顯[366]의 행보에 대해 숙종은 의천으로 하여금 대응하게 한다. 그렇지만 법상종에서 숙종에게 협력을 하지 않았다고는 말할 수 없다. 문종의 여섯 째 왕자이자 숙종의 동생이 법상종 승려였기 때문에, 비록 현화사가 문벌귀족들의 후원을 받고는 있었지만 법상종 승려들의 지원을 얻을 수 있었을 것이다. 숙종은

김종서, 『신편 고려사절요』(상권), 민족문화추진회, 2004, p.447.
현화사 주지인 승통 소현韶顯은 고려의 대표적 문벌귀족이었던 이자연李子淵의 다섯 째 아들이다. 1084년(선종 1)에 승통이 되었고, 유식을 연구하여 깊은 비장의 뜻을 개발하였다. 또 법상종을 연 규기의 『법화현찬』과 『유식술기』 등 장소 32부 353권을 교정 판각하여 세상에 유통시켰다. 임종 때는 아미타불의 명호를 부르면서 입적했다고 전한다.

왕이 되어 2년을 맞이했는데, 조카인 헌종이 사망하자 자신에 대항하는 세력이 사라졌다는 점을 인식하고, 자신이 국왕으로서 할 수 있는 것이 무엇인가를 성찰하기도 하였다. 그중 하나가 복시覆試를 실시하는 것이라고 판단하였다.

> 고려 숙종 2년(1097) 여름 4월 갑진일에 왕이 문덕전에文德殿에 나가서 복시覆試를 보이고 임원통林元通 등에게 급제를 주었다.[367]

숙종은 왕이 된 이후 2년이 되어서 과거시험을 보았고, 임원통이라는 인물이 급제를 하였다.

1. 숙종의 국청사 준공

숙종 2년, 인예태후가 국청사國淸寺를 창건하는 데 힘을 다하였으나 준공을 하지 못하고 세상을 떠났기에 숙종이 국청사를 준공하고 의천을 초대 주지로 임명하였다. 당시 의천은 천태학을 깊이 탐구하고 있었는데, 고려에 천태학을 전하는 토대를 마련하기 위한 준비 작업을 하고 있었던 것이다. 의천의 목표는 고려의 여러 종파를 융섭하는 천태종을 창종하려는 것이었다.

> 고려 숙종 2년(1097) 2월에 국청사가 완성되자, 친히 경찬도량慶讚

---

367 리만규 리의섭, 『북역 고려사』(제2책), 신서원, 1963, p.12.

道場을 설치하고 문하시중으로 치사致仕한 이정공李靖恭 및 양부兩
府의 재신을 불러 잔치하였다.[368]

국청사가 인예태후의 원찰이라고는 하지만, 인예태후의 갑작스런
사망으로 인해 이름만 원찰이지 실제로는 의천을 위하여 창건한
셈이 되었다. 그렇기에 의천은 국청사가 낙성되자 바로 주지로 임명을
받았던 것이다. 이렇게 해서 의천이 고려에서 천태종을 창종하려
했던 것을 실현할 수 있는 터전이 마련된 것이라 할 수 있다.

고려 숙종 2년(1097) 2월 천태종 대본산 국청사가 낙성함으로써
왕의 칙명에 의하여 제1세 주지에 취임하였다.[369]

의천은 인주 이씨가 관리하고 있던 법상종 헌화사 계통의 승려들의
쇠락으로 인하여 천태종을 창종하는 데 있어 유리해졌다. 이에 의천은
국청사의 주지로 임명을 받음으로써 천태종을 개창하는 준비에 만전
을 기할 수 있었다.

고려 숙종 2년(1097) 5월 국사는 국청사 주지로 있으면서 처음으로
천태교를 강설하였다. 이 천태교는 옛날에 이미 우리나라에 전해
졌으나 중간에 폐했었는데 국사가 전당錢塘에서 종간從諫법사에

---

368 김종서, 『신편 고려사절요』(상권), 민족문화추진회, 2004, p.475.
369 조명기, 「대각국사의 천태의 사상과 속장의 업적」(『한국인의 사상가 10인
    의천』, 예문서원, 2002, p.90.

게 도를 묻고 불롱佛隴의 지자대사 탑 아래에서 서원을 세워 천태교를 일으킬 뜻을 가진 뒤로 일찍이 하루도 마음에 잊은 적이 없었다. 인예태후가 이 소식을 듣고 기뻐하여 그 절을 짓기 시작했으며 숙종이 마침내 불사를 끝냈다.[370]

의천은 국청사의 주지로 임명받은 그 시기에 천태종을 개창하였다. 그가 천태종을 개창하는 데 있어서는 중국 유학 당시 전당의 종간법사에게 천태교관을 전수받은 것이 결정적 계기가 되었다고 할 수 있다. 자변종간(慈辯從諫, 1079~1108)은 송나라 초 천태종을 부흥시킨 사명 지례의 유명한 세 제자들(四明三家) 중 남병범진南屛梵臻의 수제자로, 천태종 제19대 조사인 항주杭州 남병南屛 흥교사興敎寺의 범진이 연로하자 종간이 대신 주지를 맡았으며, 원우元佑 5년(1086)에 법희사法喜寺의 주지로 있을 때 의천이 구법하러 이곳을 방문하였다. 이때 종간은 의천에게 천태교법을 철저하게 전수해 주었던 것이다. 한편, 정치적으로 보자면 숙종은 이자겸 세력의 기반인 법상종 현화사에 대응하기 위하여 의천을 통해 국청사를 낙성하고 천태종을 개창하도록 한 것으로 해석할 수 있다.

2. 의천의 천태종 창종의 의미

고려에서 하나의 독립적인 불교종파가 탄생했다는 것은 역사적으로

---

370 동국역경원, 『大覺國師文集』(外), 2001, pp.300~301.

대단한 의미를 가진다. 그것도 왕자인 의천에 의하여 이론과 실천이 융합되어 있고 여러 종파를 융섭하는 면모를 지닌 천태종이 창종된 것은 불교 사상적으로 의천의 교관겸수 사상의 출발점이라고 할 수 있다. 의천이 천태종에 관심을 가졌던 것은 앞서 말한 바와 같이 송나라로 유학 갔을 때 자변종간으로부터 천태교관을 배우고 천태지의 대사의 탑 앞에서 서원을 세우던 시기라고 말할 수 있다.

한편, 정치적으로 보면 숙종과 의천은 각 종파를 뛰어넘으면서도 포섭하는 역량을 지닌 천태교학을 바탕으로 천태종을 창종함으로써 각 종파에 기반을 둔 권문세가와의 정치적인 관계와 문제점을 해결하려고 했던 것이 아닌가 한다.

의천이 천태종을 창종하자 고려불교는 새로운 불교 종파 시대를 맞이하였다. 천태종은 물론 중국에서 탄생한 종파이지만, 의천은 중국적인 종파에서 벗어나 한국적 특성에 맞는 독창적인 종파를 창종했다는 데 의미가 있다. 의천 자신이 화엄종으로 출가를 하였음에도 불구하고 화엄종의 종지를 택하지 않고 국왕의 후원을 받아 천태종을 창종한 것은 화엄종과 법상종, 선종 등 여러 종파의 승려들을 천태종이라는 체계 안에 수렴하려고 했던 것이라 볼 수 있다.

3. 의천과 함께 천태종에 참여한 고려 승려

의천이 고려에서 천태종을 창종하려고 했을 적에 의천에 협력했던 승려들에 대하여 살펴보고자 한다. 교관겸수를 표방하는 의천의 불교 사상이나 왕자라는 신분에 의하여 많은 승려들이 의천에 협력했을 듯함에도 불구하고 의천에 의지하려고 했던 승려들은 그리 많은 편이 아닌 듯하다. 왜냐하면 법상종 역시 왕실과 밀접한 관련을 맺고 있었으며 더구나 권문세가들의 강력한 비호 아래 당시 최대 종파로 군림하고 있었기 때문이다.

고려 숙종 2년(1097) 6월에 왕이 봉은사奉恩寺에 거둥하더니 이로부터 여러 번 사원에 거둥하였다.[371]

숙종도 의천을 지원하려고 하였으나 당시에 이자겸의 불교세력이 큰 힘을 발휘하였기에 의천에게 크게 도움이 되지 못하였다.

의천은 원효와 제관諦觀을 들어 천태학의 흐름을 언급하였고, 천태종 개창을 통하여 고려중기 불교계의 재편과 개혁을 추구하였다. 그는 입송 구법을 전후하여 송나라 승僧 정원淨源과 교류하는 가운데 제관의 『천태사교의』를 언급하였다.[372]

의천이 천태종을 창종하는 데 있어 원효와 제관의 정신을 선양하고 있다는 것은 대단히 주목할 만한 점이다. 원효는 통불교적 견지에서 천태사상을 고구했는데, 그의 사상은 중국에서 천태학을 대폭 수용한 화엄종 제5조인 청량징관에게 영향을 끼쳤으며, 중국의 천태종과

---

371 김종서, 『신편 고려사절요』(상권), 민족문화추진회, 2004, p.476.
372 박용진, 「대각국사의천 연구」, 국민대학교 대학원 국사학과 박사학위 논문, 2004, p.234.

232

화엄종이 서로 융섭될 수 있는 계기를 마련해 주었다. 한편, 사실
중국에서 송나라 때 천태종이 재흥할 수 있었던 직접적 계기는 바로
고려 승려인 제관에 힘입은 바가 컸다. 송나라 이전 시기 오월왕吳越王
전홍숙錢弘俶이 천태종 삼대부를 난리 통에 중국에서는 찾아볼 수
없게 되었음을 알고, 사신과 보물을 고려에 보내어 천태종 관계서적을
구하자 960년(광종 11) 제관이 왕명에 따라 천태학 관계 서적을 지니고
중국으로 건너감으로써 중국에서 천태종이 부흥하는 계기가 되었기
때문이다. 또 제관은 중국에서 천태종 고승인 나계의적螺溪義寂의
제자가 되어 연구하다가 『천태사교의天台四敎儀』를 저술하였다. 『천
태사교의』는 천태종 사상의 핵심요지를 체계적으로 서술하고 있어
중국은 물론 일본에서도 천태학의 필수 입문서로 널리 활용되었다.
따라서 의천이 원효와 제관의 사상에 주목하고 천태종을 창종한
것은 중국 천태종의 일방적 수용이 아니라, 원래 우리의 사상이 가득
녹아 있는 천태종을 다시 재발견하는 주체적 수용이라 평가되어야
할 것이다.

고려 숙종 2년(1097) 송나라에서 표류 중이던 우리나라 사람 자신
子信 등 3명을 돌려보냈다. 당초에 탐라 백성 20명이 표류하여
나국裸國에 들어갔다가 모두 죽음을 당하고 오직 이 세 사람만이
살아남아서 송나라에 가서 의탁했다가 이때에 이르러서 돌아
왔다.[373]

373 김종서, 『신편 고려사절요』(상권), 민족문화추진회, 2004, p.476.

이제 숙종은 왕권에 있어서 자신감을 가졌다고 할 수 있다. 그 이유에 대하여 논한다면, 동생인 의천을 통해 불교계를 통솔할 수 있는 힘이 생겨났고, 정치에 있어서도 안정감을 얻은 시기였기 때문이다. 이러한 의천의 천태종 개창은 1097년 국청사를 창건하고 천태 관련 경전의 강설 이후로 볼 수 있다.[374]

> 고려 숙종 2년(1097) 회경전會慶殿에서 백좌도량을 베풀고 승려 1만 명에게 밥을 대접하였다.[375]

숙종은 회경전에서 승려들에게 대중공양을 실시했는데, 이것은 바로 문종의 공덕과 같은 공덕이 자신에게도 있음을 드러내는 자심감에 찬 불교 행사였다고 할 수 있다.

국청사가 개창이 되고 의천이 주지에 취임하면서 천태교학 강의를 시작하고, 이와 동시에 천태종에서도 승려시험(僧選)이 시행되면서 수많은 고승대덕들이 의천의 문하로 모여들었다. 「선봉사대각국사비음기僊鳳寺大覺國師碑陰記」(이하 「비음기」)에 의하면,[376] 숙종은 이때 정치적으로 안정기에 들어갔음을 말하고 있다. 숙종이 고려를 안정적으로 통치를 할 수 있다는 자신감을 보이자 의천은 숙종의

---

374 박용진, 「대각국사의천 연구」, 국민대학교 대학원 국사학과 박사학위 논문, 2004, p.234.

375 김종서, 『신편 고려사절요』(상권), 민족문화추진회, 2004, p.477.

376 보정, 「義天佛教思想의 會通的 性格에 관한 硏究」, 원광대학교 대학원 불교학과 박사논문, 2007, p.156.

정치적 안정을 위하고 동시에 불교계의 쇄신을 위하여 천태종을
창종하였던 것이다.

4. 의천의 천태종 창종 선언과 고려 불교계

숙종은 의천의 청을 수용하여 고려에서 법화사상을 실현하려는 천태
종 창종 선언을 받아들였다. 천태종에 참여한 승려들은 구산선문에
참여했던 선승들이 상당했다고 본다. 의천의 천태종 창종에는 형인
숙종의 협력이 크게 작용하였다.

　의천의 천태종 개창은 불교계의 재편과 관련되어 있으며, 인적
구성은 여러 산문이나 종파의 학도 1,000여 명으로 이루어졌다. 그의
천태종 문도는 크게 두 부류로 나뉜다. 첫 번째 부류는 선종 승려들로
개별 문도를 이끌고 의천의 문하에 들어온 덕린德麟, 익종翼宗, 경난景
蘭, 연묘蓮妙 등 직투문도直投門徒를 들 수 있다.[377]

〈표7〉 선봉사僊鳳寺 「비음기」에 수록된 대각국사문도大覺國師門徒

義天法子			門徒名		備考
	大禪師	禪師	三重大師	重大師	
大禪師 德麟		順成 信雄	利謂	信之 世淸 幹英 暢連道能 螢如賢俊觀 純 志宣	

---

377 박용진, 「대각국사의천 연구」, 국민대학교 대학원 국사학과 박사학위 논문,
　　2004, p.237.

				道沖 學連	
禪師 翼宗	順善 敎雄	懿觀 碩先 惟誚	唐俊	惠定 神覺 元浩 覺玄	
禪師 景蘭		觀皓	惠平		
禪師 蓮妙		流淸 懷素	首謙 齊承	觀明 契濟 口如 穎源 弘允 存玄 英鑑 資誠 淸倫 資眞	安樹 智龍
4	2	8	5	25	2

「비음기」에 수록된 의천의 문도는 선종산문 출신들로 개별 문도를 이끌고 천태종 개창에 참여하였다. 이들은 대각 문하에 직투한 제선의 명공학도였다. 직투문도인 덕린, 익종, 경난, 연묘의 문하는 실제로 42명이었고, 이들의 문하인 순선, 교웅敎雄 등의 문도를 포함하여 300여 명이었다.[378]

의천의 천태종 창종에는 전국의 선승들과 각 계파의 문도들이 참여했는데, 이들은 바로 신라 하대에 개창한 구산선문을 전승해오던 문도들이다. 숙종의 명령에 의해 참여한 문도들도 있었는데, 거돈사, 영암사, 고달사, 지곡사 문도들이다.

해동에 불법이 전래된 후 약 300년 동안 모든 종파가 각기 서로 앞 다투어 연창連唱하였으나 천태종만은 중간에 단절되어 전하지

378 박용진, 「대각국사의천 연구」, 국민대학교 대학원 국사학과 박사학위 논문, 2004, p.237.

아니하였다. 비록 원효대사가 전대에서 칭미稱美하였고 제관스님
이 뒤를 이어 전양傳揚하였으나 아직까지 재흥再興하지 못하고
있다. 그리하여 그 중흥의 시기가 오기를 간절히 기다리고 있던
중 마침 우리 시조 대각국사가 왕궁에서 탄생하여 정광불롱定光佛
隴 지자탑전智者塔前에서 법등을 전해 받고 본국에 돌아와서 처음
으로 천태종을 제창하였다.[379]

숙종 3년에는 고려가 비교적 안정기에 들어갔다고 말할 수 있다.
그동안 숙종은 이자겸과 그 일족이 지원하는 헌화사 파 승려들로
인해 정치적인 위기를 맞이했는데, 이자겸 일파를 완전히 제압하고
의천으로 하여금 천태종을 창종하도록 후원을 다했다고 말할 수
있다.

의천의 천태종 창립에는 여러 산문의 선종 승려들이 참가하였다.
10명 중 6, 7명이 선종 산문에서 천태종으로 옮겨갔다. 이는 단순히
선종에서 천태종으로 종파를 옮겼다기보다는 불교계 재편으로
판단된다.[380]

의천이 천태종을 창립한 것은 당시 고려 불교계를 재편하려는

---

379 보정, 「義天佛敎思想의 會通的 性格에 관한 硏究」, 원광대학교 대학원 불교학과
   박사논문, 2007, p.156.
380 박용진, 「대각국사의천 연구」, 국민대학교 대학원 국사학과 박사학위 논문,
   2004, p.238.

시도였다. 여기에 숙종의 정치적 이해가 더해져 결실을 보게 되었다. 그래서 고려 불교계는 화엄종과 법상종, 법안종과 함께 천태종이 형성되었다. 천태종의 발전에는 송나라 불교계와 뜻을 같이하려는 경향도 작용하였다.

고려 숙종 3년(1098) 3월에 창릉(昌陵: 경기 개풍군開豐郡 남창면南昌面 능리陵里)·대릉(戴陵: 所在不詳) 두 능을 참배하였다.[381]

숙종은 대각국사 의천으로 하여금 고려 불교계를 재편하게 하고, 이를 통해 여유 있게 나라를 통치할 수 있는 토대를 마련하려고 하였다.

고려 숙종 3년(1098) 정유일에 왕이 홍왕사에 가서 승려 3천 명에게 밥을 대접하였다.[382]

숙종이 홍왕사에 가서 승려들 3천 명에게 공양을 대접했다는 것은 그가 천태종을 상당히 지원하고 있으며, 천태종 또한 점차 고려불교의 중심 종파로 떠오르고 있다는 것을 말해준다. 의천이 천태종 창종 선언을 한 이후에 홍왕사는 국청사와 함께 천태종의 중심 사찰이 되었을 것이기 때문이다.

---

[381] 리만규 리의섭, 『북역 고려사』(제2책), 신서원, 1963, p.16.
[382] 리만규 리의섭, 『북역 고려사』(제2책), 신서원, 1963, p.17.

238

고려 숙종 3년(1098) 겨울 10월에 왕이 백관을 거느리고 태묘太廟
에 협제祫祭를 지내고 돌아왔다. 신봉문神鳳門에 이르러서 죄인을
사면하고, 조종의 후예로서 관직이 없는 자에게는 관작 1급씩을
하사하고, 협제에 집사한 이 및 대묘와 능을 시위하는 관리들에게
도 1급級씩을 하사하였으며, 여러 주·부·군·현에는 그해 조세의
반을 감하고, 명경과에 진사進士와 명경으로 군적에 들어 있는
자는 면하게 하였다.[383]

숙종은 죄인을 사면하고 승급을 시켜주거나 조세를 감면해 주었는
데, 이를 통해 숙종의 통치가 안정되어 가는 모습을 볼 수 있다.
또한 이러한 시혜정책은 불교의 정신과도 상통하는 것이다.

제2절 고려 천태종의 발전

의천이 천태종을 창립한 것은 당시 고려의 분열된 종파를 융합하고
이론과 실천, 즉 교와 선을 함께 닦는 교관겸수에 의해 고려사회를
원만한 불교사상으로 통합하려는 의도가 컸다. 이미 화엄종의 본산인
흥왕사의 주지로 큰 명성을 떨쳤고, 다시 국청사의 주지가 되어 천태종
을 창립하니 당시에 많은 승려들이 의천의 문하로 몰려들어 고려의
천태종은 크게 발전하려는 듯한 기미를 보였다. 하지만 지속적으로
발전해 나아가지는 못하였다.

---

383 김종서, 『신편 고려사절요』(상권), 민족문화추진회, 2004, p.478

고려 숙종 4년(1099) 10월에 문익文翼을 요에 보내어 원자元子를
책봉하는 명을 내려줄 것을 청하고, 이수李壽는 왕의 생신 축하에
대하여 사례하고, 한이韓彛는 방물을 진상하고, 조신준趙臣俊은
신정을 축하하였다.[384]

고려와 요나라의 관계는 숙종 대에 와서도 비교적 원만한 외교관계
를 맺고 있음을 알 수 있다. 물론 고려는 송나라와도 관계를 긴밀히
하였다.

고려 숙종 4년(1099) 11월 신미일에 왕의 아우 수燧를 그의 범죄와
관련하여 경산부京山府 약목군(若木郡: 현 경북 칠곡)으로 귀양을
보냈다.[385]

왕수王燧는 아버지가 문종文宗이고 어머니는 인경현비仁敬賢妃 이
씨李氏이다. 그는 숙종의 아우로서 숙종 즉위년인 1095년에 수태부守
太傅로 임명되고 식읍食邑을 삼천호 이상 제수 받았던 인물이다.
무슨 죄를 지었는지는 기록되어 있지 않다.

고려 숙종 5년(1100) 한숙단韓淑旦 등 36명과 명경 3명과 은사
6명에게 급제를 주었다.[386]

384 김종서, 『신편 고려사절요』(상권), 민족문화추진회, 2004, pp.479.-480.
385 리만규 리의섭, 『북역 고려사』(제2책), 신서원, 1963, p.23.
386 김종서, 『신편 고려사절요』(상권), 민족문화추진회, 2004, p.481.

1. 의천의 천태종과 고려불교

숙종 6년경에는 국가에서 서적을 관리하는 정책을 실시하도록 명령을 내렸는데, 이것은 새로운 사상을 정립하는 계기가 되었다. 여기에 의천의 역할이 있었을 것으로 생각한다. 의천은 불교서적을 수집하고 목판으로 새겨 간행하는 데 지대한 관심이 있었기 때문이다.

> 고려 숙종 6년(1101) 3월에 제하기를 "비서성祕書省에 문적文籍의 판본을 마구 쌓아 두어 훼손되었으니, 국자감國子監에 명해서 서적포書籍鋪를 설치하여 문적의 판본을 옮겨 간직하는 동시에 인출하여 널리 반포하게 하라" 하였다.[387]

고려의 문화와 불교의 발전에 있어서 의천은 매우 중요한 역할을 수행하였다. 의천에 의하여 고려에서 많은 불교경전이 책으로 나올 수 있었기 때문이다.

> 고려 숙종 6년(1101) 일월사日月寺에 행차하여 금자金字로 된 『묘법연화경妙法蓮華經』의 완성을 축하하고 후비后妃·태자와 함께 절 뒤 언덕에 올라 술자리를 베풀고 즐기고자 하니, 어사대에서 아뢰기를 "지금 한창 농사철이온데 한재가 들었습니다. 지금 여기서 술을 즐기시면 어느 백성이 전하께서 '백성의 근심을 자신의 근심으로 한다' 하겠습니까" 하니, 중지하였다.[388]

---

387 리만규 리의섭, 『북역 고려사』(제2책), 신서원, 1963, p.483.

숙종 6년에 일월사에서 『묘법연화경』을 완성한 것을 축하하고
난 뒤, 후비들과 절 뒷산에 올라가 가무를 즐기려고 하자, 농사철에
가뭄이 들어 백성들의 걱정이 이만저만이 아닌데 임금이 가무를
즐기는 모습을 보면 민심이 안 좋을 것이라고 하자 중단하였다. 고려가
비록 봉건 왕조국가이지만 왕이라 해서 마음대로 할 수 있는 것이
아니며, 백성들에게 모범을 보이는 어진 군주가 되어야 한다는 것을
말해주고 있다.

2. 숙종 6년 원효 화쟁국사 칭호 추서

고려 숙종 6년 8월에 왕은 원효와 의상을 추숭하는 조서를 내렸는데,
이는 숙종의 불교관을 엿볼 수 있는 대목이기도 하지만, 아마도 의천이
추천한 것이 아닐까 한다. 그런데 『고려사절요』에는 그에 대한 기록이
빠졌는데 이것은 의도적이라고 말할 수 있다.

고려 숙종 6년(1101) 8월 계사일에 다음과 같은 조서를 내렸다.
"원효와 의상은 우리나라의 성인이다. 그런데 비문도 시호도 없어
서 그 덕이 알려지지 않고 있으니 나는 심히 유감으로 생각한다.
원효는 대성화쟁국사大聖和諍國師로, 의상은 대성원교국사大聖圓
教國師로 추중하노니 해당 관청에서는 그들의 살던 곳에 비를
세워 공덕을 새김으로써 영원히 기념하게 하라."[389]

---

388 김종서, 『신편 고려사절요』(상권), 민족문화추진회, 2004, p.485.
389 리만규 리의섭, 『북역 고려사』(제2책), 신서원, 1963, p.35.

이로써 원효와 의상은 의천에 의하여 새롭게 조명이 되었고, 의천에 의하여 신라의 불교사상은 고려에 다시 되살아날 수 있었다. 의천이 원효를 화쟁국사로 칭하게 된 것은 바로 의천 자신이 원효와 같은 통합적이고 융합적이며 교학적인 불교를 실천하고자 했던 것이 아닌가 한다.

원효·의상은 동방성인이라고 하고 그의 위덕을 영세무궁토록 전하고자 한 것이다. 화쟁이란 것은 원효의 통불교사상의 표어이니, 이것을 성사의 『십문화쟁론十門和諍論』으로부터 적출摘出한 것은 국사의 지혜인 것일 것이다. 원효는 성사의 멸후 369년 만에 국사에 의하여 부활되었다.[390]

원효는 의천에 의하여 소생되었다, 만일에 대각국사 의천이 없었다면 원효의 존재는 그리 알려지지 못했을 것이다. 원효는 바로 의천이란 후학이 있어 고려에서 위대한 화쟁보살로 다시 태어났으며, 의천의 역할로 인해 오늘날의 우리에게까지 그의 위대함이 전해진 것이다.

원효의 가장 특징적인 사상인 화쟁사상은 다면적인 종파의 개별적 인정을 바탕으로 종파 초월의 일승귀결이 가장 핵심인 것이다. 즉 서로 종파에 대한 편견 없는 회통적 이해를 통해 원융무애圓融無礙한 관계를 모색하는 것이라 할 수 있다.[391]

---

390 조명기. 『고려 대각국사와 천태사상』, 경서원, 1982, p.44.
391 최애리, 『신편제종교장총록의 편성체계 연구』,동국대학교 대학원 불교학과

의상과 원효의 비교가 될 수 있는 저서를 수집했다는 것은 의천 자신이 원효와 같은 불교 사상을 섭렵하겠다는 서원이 있기도 했던 것이 아닌가 한다.

> 원효에게 위대한 화쟁사상이 있었다고 하더라도 의천의 원효에 대한 뚜렷한 화쟁사상의 관점이 없었다고 한다면 원효는 한낱 소성거사로 전락하였을지도 모르기 때문이다. 이러한 원효의 화쟁사상이 의천의 천태사상을 수용하는 원동력이 된다.[392]

의천 자신은 화엄종에 출가를 하였다. 화엄종에 속해 있는 의상의 사상을 균여가 전승하고 있었는데, 고려 당시의 일반적인 사조는 균여의 화엄종에 대하여 비판적인 면이 있었다. 의상의 계보를 추앙했던 균여를 배척함으로써 고려 당시의 화엄종과 신라 말기에 일어난 선종의 힘을 약화시키게 된다. 그러나 사실 균여는 실천불교를 행했던 인물이며 귀족불교를 추종했던 것은 아니었다. 의천이 화엄학을 학습하면서도 원효의 불교사상을 학습했다는 것은 아마도 균여의 화엄에 부족한 융합적인 사상에 의천이 목말라했던 것이 아닌가 한다. 의천은 특별히 송나라 구법을 통해 원효의 저서를 수집함과 동시에 원효를 탐구하였으며, 결국 원효를 크게 칭송하기에 이른다. 그는 고려에 귀국하여 원효에 대한 존경심을 표현하였고 원효를 보살로까지 높여 칭하기도 하였으며, 원효의 저서에 대한 목록을 특별히 만들기도

석사학위 논문, 2006, pp.9~10.

[392] 강남식, 「고려천태사상사의 연구」, 원광대학교 대학원 불교학과, 2001, p.138.

했던 것이다.

고려 숙종 6년(1101) 가을 8월에 조서를 내려 "짐이 왕위에 오른
뒤로 항상 세심하게 북으로 대요大遼와 사귀고, 남으로는 대송大宋
을 섬기었는데, 또 여진이 동쪽에 버티고 있다. 군국이 힘쓸 것은
백성을 편안케 함이 가장 급하다. 마땅히 급하지 아니한 요역은
혁파하여 백성을 편안케 하라" 하였다.[393]

숙종은 북쪽은 요나라와 남쪽은 송나라와 맞대고 있다는 것을
강조하고 있는데, 이것은 당시 세 국가 간에 긴장된 균형외교가 유지되
고 있었다는 것을 말하고 있다.

고려 숙종 6년(1101), 도병마사가 아뢰기를 "지금 요의 동경 병마도
부서東京兵馬都部署에서 공문으로 정주관靜州關 내의 군영軍營을
혁파하도록 요청합니다. 지난 대안大安 연간에 요에서 압강鴨江에
정(亭: 지금의 초소哨所와 같은 것)과 각장榷場을 설치하려 하니
조정에서 사신을 보내어 파하기를 청하여 요 황제가 들어주었으
니, 이번에는 그들의 청에 따르는 것이 마땅합니다" 하니, 좋
았다.[394]

요나라와 국경을 맞대고 있는 고려로서는 송나라와의 교류를 증진

---

393 김종서, 『신편 고려사절요』(상권), 민족문화추진회, 2004, p.487.
394 김종서, 『신편 고려사절요』(상권), 민족문화추진회, 2004, p.487.

하면서 요와의 국경 문제로 항상 긴장 상태에 있음을 말하고 있다.
숙종 6년에 의천은 개성에 있는 총지사에서 열반에 들었다.

> 총지사摠持寺에 행차하여 석후(釋煦, 의천)를 병문안했는데, 열흘
> 도 지나지 않아 사망하였다. 정당문학政堂文學 이오李頲가 말하기
> 를 "석후는 주상에게 있어 지극히 가까운 친척(周親)이지만, 예禮
> 에서 출가한 자에게는 복服이 없습니다. 그러나 재주와 행실이
> 모두 뛰어났고 명망이 요遼와 송宋에서도 높았으니, 복을 입지
> 않을 수 없습니다"라고 하였다. 이에 왕이 여러 신하들과 더불어
> 현관玄冠과 소복을 입고 3일 동안 조회를 철회하였으며, 부의를
> 매우 후하게 하사하였다.[395]

대각국사 의천이 열반에 듦으로써 그가 고려불교에 세웠던 서원이
종말을 고하고 말았다. 천태종을 창종함으로써 여러 종파로 나뉘어져
분열하던 고려불교를 회통하려 했던 의천의 원대한 꿈은 그의 죽음과
함께 서서히 사라져갔다.

> 고려 숙종 6년(1101) 9월 대각국사大覺國師 왕후王煦는 자字가
> 의천義天으로, 송宋 철종哲宗의 이름을 피휘避諱하여 자를 '의천'으
> 로 행세하였다. 문종文宗이 하루는 여러 아들들에게 일러 말하기를
> "누가 승려가 되어 복전福田을 지어 이로움을 더할 수 있겠는가?"라
> 고 하자, 왕후가 일어나서 말하기를 "제가 세상을 벗어날 뜻이

---

395 『고려사절요』 권6, 숙종 6년. 9월. 「총지사의 의천이 죽다」.

있으니 오직 임금께서 명하실 바입니다"라고 하였다. 왕이 말하기를 "좋다"라고 하자 드디어 스승을 좇아 출가出家하여 영통사靈通寺에 살았다. 왕후는 성품이 총명하고 지혜롭고 배움을 좋아하여, 먼저 『화엄경華嚴經』을 업으로 삼고 곧 오교五敎에 통달하게 되었다. 또한 유학儒學도 섭렵하여 정통하게 알지 못하는 것이 없었으니, 우세승통祐世僧統이라고 불렀다.

왕후는 송에 들어가 불법佛法을 구하고자 하였으나 왕이 허락하지 않았으며, 선종宣宗 때에도 여러 번 요청하였으나 재신宰臣과 간관諫官들이 안 된다고 극언極言하였다. 선종 2년(1085) 4월 왕후는 몰래 제자弟子 2인과 더불어 송의 상인商人 임녕林寧의 배를 타고 떠났다. 왕은 어사御史 위계정魏繼廷 등에게 명하여 길을 나누어 배를 타고 쫓아가게 하였으나 따라잡지 못하였으며, 예빈승禮賓丞 정근鄭僅 등을 보내 바다를 건너는 일의 안부를 묻게 하였다. 왕후가 송에 이르자 송 황제는 그를 수공전垂拱殿에서 인견引見하고 빈객賓客의 예로 대접하였으며 총애하여 예우함이 두터웠다. 왕후가 지방을 돌아다니며 불법을 묻기를 요청하자, 조서詔書를 내려 주객원외主客員外 양걸楊傑을 관반館伴으로 삼았다. 강소(吳中) 지역의 여러 사원寺院에 이르자 모두 왕신王臣과 같이 맞이하고 전송해주었다. 왕이 황제에게 표문表文을 올려 왕후의 환국還國을 간청하자 황제는 조서를 내려 고려로 돌아가는 것을 허락하였다. 왕후가 예성강禮成江에 이르자 왕은 태후太后를 받들고 봉은사奉恩寺까지 나와 기다렸는데, 맞이하고 궁으로 인도하는 의식이 매우 성대하였다. 왕후는 불전佛典과 경서經書 1,000권卷을 바치고,

또 흥왕사興王寺에 교장도감教藏都監을 둘 수 있기를 아뢰었다. 요遼와 송에서 책을 사들여 4,000권에 이를 정도로 많았는데 죄다 간행刊行하였으며, 천태종天台宗을 처음 열어 국청사國淸寺에 두었다.

얼마 지나고 남쪽으로 명산名山을 두루 돌아다닌 뒤 물러나 해인사海印寺에 살았는데, 숙종肅宗이 왕위에 오르자 사자使者를 보내어 맞아들여 흥왕사興王寺의 주지住持로 삼았다. 요의 사신 왕악王萼이 흥왕사의 작은 종鐘을 보고서 아름다움을 찬탄하며 말하기를 "우리나라에서는 있어본 적이 없는 것이오!"라고 하자, 왕후가 왕악에게 일러 말하기를 "제가 듣건대 황제께서 불교를 크게 믿으신다 하니 이 종을 바치겠소"라고 하였다. 왕악이 말하기를 "좋습니다"라고 하자 왕후가 금종金鐘 2거簾를 주조鑄造하여 장차 요 황제에게 바칠 것을 요청하였다. 드디어 회사사回謝使로 요에 가는 공목관孔目官 이복李復에게 부탁하여 먼저 그 뜻을 아뢰었더니 요 황제는 왕악이 봉사奉使로서 망령되이 보배를 찾고 구한 것이라 하여 준엄한 형刑을 더하고 종을 바치지 말라고 명하였다. 이에 이복이 귀국하자 고려의 형부刑部에서는 그 죄를 다스릴 것을 아뢰었다. 왕후가 병이 들자 왕은 몸소 총지사摠持寺로 행차하여 병세를 물었으며 얼마 뒤 그가 죽자 왕이 시호諡號를 대각大覺이라 하려고 하였다. 중서문하성中書門下省에서 주문奏文을 올리기를 "대각이란 것은 부처이시라, 불호佛號를 참칭僭稱하는 것은 왕후의 뜻이 아닐 것입니다"라고 하였으나, 왕은 따르지 않았다. 정당문학政堂文學 이오李顔가 말하기를 "왕후는 주상께는 비록 종실宗室의

지친이지만, 예禮를 상고하자면 출가한 이에겐 상복喪服을 입을 수 없습니다. 그러나 재주와 행실이 모두 훌륭하였고 요와 송에도 명성이 자자하여 국사國師로까지 추증하고자 한다니, 상복을 입지 않을 수 없습니다"라고 하자, 이에 왕과 여러 신하들은 검은 관과 흰 옷을 입었으며 사흘 동안 조회朝會를 멈추었다. 부의賻儀를 매우 후하게 하사하고 드디어 책명冊命으로 대각국사라 추증하였으며, 또 교서敎書를 내려 문도門徒들에게 조위弔慰하였다.[396]

의천이 열반에 들었을 때 숙종이 3일 동안이나 소복을 입었다는 것은 의천이 당시 고려사회에서 얼마나 큰 영향력을 가지고 있었는가를 대변해준다. 의천에 의해서 창종된 천태종은 숙종 시대에는 지속되었지만 의천 사후 천태종에 참여했던 구산선문의 선승들은 다시 흩어지고 말았다.

의천은 숙종 6년에 47세로 시적示寂하였으니 간행사업은 아마 그의 시적과 더불어 완성되지 아니하였을 것 같다.[397]

의천이 수집한 장소章疏는 불교학문을 탐구하는 데 있어서 매우 소중한 귀보이다. 이처럼 귀중한 보배를 탐구하는 데 있어 늦은 감이 없지 않다.

---

396 김종서, 『신편 고려사절요』(상권), 민족문화추진회, 2004, p.487. 총지사摠持寺는 경기도 장단長湍에 있는 절이다.

397 진단학회, 『한국사 중세편』, 을유문화사, 1981, p.282.

의천이 고려에 새로운 불교운동을 전개하려 했던 그 정신을 전승 발전시키는 것이 또한 중요하다. 하지만 의천 사후에 천태종은 더 이상 발전하지 못하였고, 결국 그의 뜻을 따르지 못하고 말았다. 의천이 이룩하려고 했던 통합불교의 정신은 오늘날까지도 한국불교에 이어지는 정신이라고 할 수 있다.

〈표8〉 대각국사 의천 연보[398]

연대, 나이	내용
1055년(문종 9)	9월 28일 문종의 넷째 아들로 탄생.
1065년(문종 19) 11세	5월 14일 경덕왕사 爛圓에게 출가. 영통사에서 수행. 10월 불일사 계단에서 구족계 받음.
1067년(문종 21) 13세	7월 교서로 법호를 祐世라 하고 승통직을 제수함.
1073년(문종 27) 19세	『대세자집교장벌원소』씀. 이때부터 『제종장소』 수집에 착수.
1077년(문종 31) 23세	『정원식역화엄경소』50권 강의를 마침.
1083년(문종 37) 29세	7월 문종 승하하고 순종 즉위.
1084년(선종 1) 30세	1월 입송구법을 청했으나 신하들의 반대에 부딪힘.
1085년(선종 2) 31세	4월 8일 제자 수개 등과 정주에서 상선을 타고 송나라에 구법과 교류를 위한 방문길에 오름. 5월 갑오, 송의 판교진에 도착. 7월 변경에 도착, 원소·요원·천길상 등을 예방. 양걸과 동행하여 항주에 이르러 정원·종간·원소 등을 예방.
1086년(선종 3) 32세	송 철종의 휘를 피해 이름 煦 대신에 字 의천을 사용. 4월 지자대사탑을 참배하고 해동천태교관의 재흥을 발원. 5월 20일 조하회사의 배로 명주를 출발, 29일간의 항해 끝에 귀국.

---

398 보정, 「義天佛教思想의 會通的 性格에 관한 研究」, 원광대학교 대학원 불교학과 박사논문, 2007, p.41.

	이 해에 흥왕사 주지로 교장도감을 설치, 교장 간행 시작.
1087년(선종 4) 33세	『금자화엄경』 3본을 항주 혜인사에 보냄.
1088년(선종 5) 34세	정원법사 입적. 혜인사의 성안이 정원의 진영과 사리를 모셔옴.
1089년(선종 6) 35세	제자 수개 등을 항주에 보내 정원의 제를 모시려 했으나 蘇軾이 저지. 10월 국청사 건립 착공. 5개월 만에 공사 중단.
1090년(선종 7) 37세	봄에 남쪽으로 내려가서 원효 관련 서적을 구함.
1092년(선종 9) 38세	인예태후 서거함.
1094년(선종 11) 40세	5월 선종 승하하고 11세 인사에 퇴거. 『간정성유식론단과』 집필.
1095년(헌종 1) 41세	10월 8일 숙종 즉위해 흥왕사에 주석.
1097년(숙종 2) 43세.	5월 국청사 주지. 처음으로 천태교학을 강의.
1098년(숙종 3) 44세	숙종의 4자 징엄을 국사의 제자로 출가시킴
1099년(숙종 4) 45세	9월 숙종을 수행해 삼각산에 감.
1100년(숙종 5) 46세	6월 4일 국청사에서 『법화현의』 강의.
1101년(숙종 6) 47세	8월 발병 9월 국왕 총지사에 행차. 병문안. 10월 3일 국사에 책봉함. 10월 5일 입적. 11월 4일 영통사 동쪽에 묘지 마련해 안장.
1125년(인종 3)	7월 징엄이 행장문을 지어 영통사에 세움.
1131년(인종 9)	8월 임존 선봉사비문 씀.

제6장 결론

지금까지 고려 문종 때부터의 고려불교의 흐름과 역사를 대각국사 의천과 관련하여 살펴보았다. 먼저 문종 37년간의 고려의 역사를 고찰하는 데 있어 가장 중요한 것은 고려가 전쟁이 없는 태평성국이었다는 점이다. 지금껏 살펴본 문종 시대와 그 이후의 고려불교에 대해 간략히 정리해보면 다음과 같다.

첫째, 문종의 재위기간 동안 국가 간의 전쟁이 발생하지 않았다는 점이다. 물론 이것은 고려가 송나라 및 요나라와의 교류를 평화적으로 전개했기 때문에 가능한 것이었다. 이러한 시대적인 상황에서 고려는 불교를 국가의 통치이념으로 삼고 불교적인 생활상을 그대로 실천할 수 있었다. 이렇게 정치적으로 안정되고 불교의 중흥에 힘쓴 문종의 치세시기를 고려의 황금기라고 말할 수 있다.

둘째, 문종은 37년간 불교 내적인 사상이나 수행의 관점에서라기보다는 오히려 불교를 통치적인 차원에서 바라보았다는 점이다. 그는 불국토사상이나 전륜성왕사상을 통해 자신이 직접 전륜성왕으로서의 통치를 실현하고자 했다고 말할 수 있다. 이처럼 정치적인 입장에서 불교를 바라보았기 때문에 통일신라 이후로 여러 분파로 갈린 종파들을 통제하거나 때로는 협력을 얻으면서 불교를 나라를 다스리는 통치이념으로 세우고자 하였다.

셋째, 둘째 부분과 관련하여 문종은 고려불교 최대의 후원세력이자 법상종을 기반으로 영향력을 발휘했던 강력한 권문세족인 이자겸 가문의 후원을 받으며 국정을 운영하지 않을 수 없었다. 즉 외척의 영향을 받지 않을 수 없었지만, 한편으로 문종은 당시 고려불교 최대의 종파인 법상종을 적절히 통치에 활용하였다.

넷째, 법상종을 기반으로 외척과 권문세가들의 세력이 커지자 문종은 이에 대응하기 위하여 자신의 넷째 왕자 왕후를 화엄종에 출가시켜 법상종을 견제하고자 하였다. 이렇게 출가하게 된 의천은 부왕과는 달리 불교 내적인 문제에 깊이 파고들었으며, 결국 송나라에 유학을 가려고 하였으나 문종은 외교적인 분쟁을 유발할 우려가 있다는 이유로 들어 송나라 유학을 허락하지 않았다. 요나라와의 관계를 개선하려고 했던 문종으로서는 어찌 보면 당연한 정치적 결정이었다.

다섯째, 문종이 붕어한 뒤에 의천은 송나라 밀항을 감행하여 송나라로 건너가 2년 동안 유학하면서 경·율·논의 저서와 원효의 저서를 수집하여 귀국하였으며, 이후 흥왕사에 교장도감을 설치하고 속장경을 간행하기에 이른다. 고려불교를 새롭게 쇄신하는 결정적 계기를 마련한 것이다.

여섯째, 대각국사 의천의 출가 행적과 불교를 탐구하는 과정과
『신편제종교장총록』 3권에 관하여 고찰함으로써 고려불교에 있어서
대각국사 의천의 위상에 대해 새롭게 인식하는 계기가 되었다. 의천은
송에 구법활동을 하면서 방대한 불서를 수집하였으며, 귀국 후 이를
정리하여 간행함으로써 불교학에 대한 새로운 금자탑을 세웠다. 바로
송, 요, 일본, 신라 등에 산재해 있던 불교경전에 대한 주석서나
장소章疏를 수집하여 목록을 만든 것이다. 또한 의천은 송나라에서
불서를 수집하던 과정에서 뜻밖에 원효의 저서에 대하여 알게 되었다.
당시 고려에서는 원효의 불교사상에 대해 잘 알지 못했던 것 같다.
그런데 의천이 송나라에서 불교서적을 수집하는 동안 원효를 발견하
고 그의 사상을 연구함으로써 원효를 화쟁보살로까지 존칭하기에
이른다. 따라서 원효야말로 의천에 의하여 다시 태어났다고 말할
수 있다. 의천이 아니었다면 원효는 한국불교사에서 빛을 보지 못하고
사라졌을지도 모른다. 의천이 있었기에 원효의 존재가 지금까지 우리
에게 전해져 올 수 있었다는 점이 중요하다. 또한 의천이 간행한
속장경이 있었기에 이후 고려대장경이 완성될 토대가 마련되었다고
할 수 있다. 따라서 의천은 한국이 세계에 자랑하는 고려대장경을
탄생시킨 모태 역할을 담당했던 것이다.

본 연구는 의천의 불교사상, 그리고 그가 창종한 천태종의 역사와
사상에 대해서는 구체적인 연구보다는 주로 의천이 수집 간행한
『신편제종교장총록』 3권을 중심으로 고찰하였다. 의천의 불교사상
을 본격적으로 이해하기 위해서라도 먼저 그가 간행한 가장 중요한

전적인 『교장총록』에 대한 전반적이고도 면밀한 이해가 선행되어야 하기 때문이다. 이러한 연구를 통해 고려대장경 탄생의 산파 역할을 한 그의 장소章疏 수집과 속장경 간행이 지니는 역사적 의의를 이 기회에 다시 음미하고자 한 것이다.

그간 한국불교는 간화선 중심의 종지를 견지해 왔기에 혹여 불교전 적들을 소홀히 여긴 것은 아닌지 조심스레 지적해본다. 그런 점에서 대각국사 의천의 장소章疏 수집에 대한 열정과 그것이 지니는 역사적 이고 학문적인 가치를 다시 재고하려는 것이다. 선조들이 남긴 귀중한 학문적 결정체를 소홀히 하고서는 앞으로 한국불교가 발전하는 데 한계를 가질 수밖에 없을 것이다. 한국불교의 체계적이고 지속적인 발전을 위해서라도 대각국사 의천의 원대한 업적은 다시 탐구되고 재조명되어야 할 것이다.

참고문헌

문집

동국역경원, 『大覺國師文集』(外), 2001.

단행본

김영태, 『원효연구사료총록』, 장경각, 1996.

김진두, 『고려 전기 교종과 선종의 교섭사상연구』, 일조각, 2006.

_____, 「고려광종대 법안종의 등장과 그 성격」, 『고려초기불교사론』, 민족사, 1989.

김종서, 『신편 고려사절요』(상권), 민족문화추진회, 2004.

김효탄 역주, 『고려사 불교관계사자료집 번역편』, 민족사, 2001.

리만규, 리의섭, 『고려사』 1, 과학원출판사, 1962,

리만규, 리의섭, 『북역 고려사』(제2책), 신서원, 1963.

백련선서간행회, 『오가정종찬』(하), 장경각, 2005.

박시형, 홍희유, 『북역 고려사』(제1책), 신서원, 1962.

이제창, 「大覺國師 義天의 天台宗 開立」, 『한국천태사상』, 동국대학교 불교문화연구
     원, 1997.

조명기, 『고려 대각국사와 천태사상』, 경서원 1982.

_____, 「대각국사의 천태의 사상과 속장의 업적」, 『한국인의 사상가 10인 의천』,
     예문서원, 2002.

진단학회, 『한국사 중세편』, 을유문화사, 1981.

정필모, 『고려불전 목록연구』, 한국학술정보, 2005,

장희욱, 『의천의 천태종 개창 재고』, 예문서원, 2002,

최병헌, 「대각국사의천의 불교사적 위치」, 『천태학연구』 제4집, 천태불교문화연구원,
     2003.

『의천 대각국사』, 대한불교천태종 총무원, 2001.

논문

강남식, 「고려천태사상사의 연구」, 원광대학교 대학원 불교학과, 2001.

김성수, 「신편제종교장총록의 저록에 관한 연구」, 도서관 학론집 26 여름호, 1997.

토니노 푸지오니, 「고려시대 법상종교단의 추이」, 서울대학교 대학원 국사학과 문학박
　　사학위논문, 1996.

박용진, 「대각국사 의천 연구」, 국민대학교 대학원 사학과 문학박사학위논문, 2004.

보정, 「義天佛敎思想의 會通的 性格에 관한 硏究」, 원광대학교 대학원 불교학과 박사학
　　위논문, 2007

권기종, 「고려후기의 선사상 연구」, 동국대학교 대학원 박사학위 논문, 1986.

蔡尙植, 「고려후기불교사연구 -백련결사, 일연, 체원의 불교사적 성격-」, 서울대학교
　　대학원 국사학과 박사학위 논문, 1987.

최애리, 「신편제종교장총록의 편성체계 연구」, 동국대학교 대학원 불교학과 석사학위
　　논문, 2006.

대각국사의 영혼이 숨 쉬는 순례길을 꿈꾸며

고려불교사에 있어서 가장 화려하게 출가한 대각국사는 참으로 위대
한 고려불교를 수호하고 실천하였다. 특히 대각국사가 선종 승려들을
규합하여 천태종을 창종한 것은 한반도의 가야, 고구려, 백제, 신라의
불교를 수용, 통합하고 발전시켰다는 의미를 지닌다.

   한반도에 불교가 전래되는 과정을 보면, 인도에서 가야*에, 전진에
서 고구려에, 오나라에서 백제에, 고구려에서 신라에 불교를 전하며
한반도에 불교가 크게 일어났는데, 그 과정에서 여러 종파가 탄생하였
다. 고구려, 백제, 신라의 종파들에는 다음과 같은 것들이 있다.
백제의 겸익, 신라의 자장에 의한 계율종, 고구려 보덕의 열반종,
신라 의상에 의한 화엄종, 원효의 법성종과 해동종, 그 외 법상종,
진언종, 신인종, 밀교 등이 그것이다. 그리고 신라 말기에 선종이

---

* 가야를 역사에서 인정한다면 당연히 김해 김수로왕과 허황후에 대한 존재를
  인정해야 한다고 생각한다. 『삼국유사』의 가야 건국설화에 의하면 김수로왕은
  서기 42년에 가야를 건국하였다. 이때 허황옥은 인도 아유타국의 공주로서
  서기 48년에 가야에 왔는데, 불교도 함께 가져왔다. 따라서 가야에 불교가 전해진
  연대를 서기 48년이라고 보아야 하며, 한반도에 불교가 전해진 시기도 이때로
  보아야 할 것이다.

들어와 구산선문을 이루었는데, 보림사를 중심으로 한 도의의 가지산파, 실상사를 중심으로 한 홍척의 실상산파, 대안사를 중심으로 한 혜철의 동리산파, 범일이 개산한 사굴산파, 봉림사를 중심으로 한 현욱의 봉림산파, 흥녕사를 중심으로 한 이엄의 수미산파 등이 일어났다. 고려 초기에는 구산선문의 선승들이 규합하여 화엄종, 법상종 등이 주류를 이루고 있었으며, 아울러 5교(열반종, 계율종, 법상종, 원융종〔화엄종〕, 법성종〔중도종〕)도 신라 중기에 성립된 이래로 의천 시대까지 존속하고 있었다. 그러다가 의천에 의해 천태종天台宗이 성립되면서 9산이 합쳐 조계종曹溪宗이 되었으며, 교종의 5교와 천태종·조계종의 양종을 통칭하여 '5교양종'이라 하게 된 것이다.

고려 중기 불교는 대각국사 의천에 의해서 최고의 불교시대를 이룩했다. 더구나 부왕인 문종은 전륜성왕이라는 사명을 띠고 고려를 이상적인 불교국가로 만들고자 노력했다. 특히 대각국사는 승통이 되어 고려불교를 융성하게 함에 있어 불교가 호국불교가 되도록 총력을 기울였다고 말할 수 있다. 그래서 그가 창시한 천태종 역시 호국불교를 선양하고자 하였다. 고려불교는 기본적으로 삼국시대부터 전승되던 호국사상을 바탕에 두고 있다.

의천은 개성에 주로 머물렀지만 헌종이 왕위에 오르자(1095년) 해인사에 거주하기도 했다. 헌종이 세상을 떠나고 숙종이 왕위에 올라 의천을 흥왕사 주지로 삼았다. 1097년 2월 17일 국청사가 완성되었으며, 1101년에 대대적으로 수리하였다.『한국사 16: 고려 전기의 종교와 사상』*을 참고하여 의천의 행적과 역사적 배경을 정리하면 다음과 같다.

○ 35세 선종 6년(1089) 2월, 해인사海印寺에서 『천태사교의天台四
敎儀』를 중각重刻하여 간행함. 10월, 왕태후의 발원으로 국청사國
淸寺를 개창하기 시작함.

○ 36세~37세, 선종 7년(1090)~8년(1091), 『신편제종교장총록
新編諸宗敎藏總錄』 3권을 편집하여 완성함.

○ 38세 선종 9년(1092), 인예태후가 천태종예참법天台宗禮懺法을
1만 일을 기해 백주白州 견불사見佛寺에서 베풂. 이 해 9월 인예태후
별세함.

○ 40세 선종 11년(1094) 2월, 홍원사洪圓寺에서 교학을 강의하며
주지가 됨. 5월, 해인사에 은둔함.

○ 41세 헌종이 11세로 즉위(1095)함. 이자의李資義의 반란이
일어남.

○ 42세 숙종 원년(1096), 흥왕사興王寺로 돌아와 강의하고 주지가
됨. 국청사가 인예태후의 기진도량忌辰道場이 됨.

○ 43세 숙종 2년(1097) 5월, 국청사가 완공되자 상종승祥宗僧의
6, 7할 이상을 흡수하여 천태종天台宗을 개창함.

○ 44세 숙종 3년(1098), 왕이 제4왕자(諱: 澄儼)로 하여금 삭발케
하고, 국사의 시자가 되게 함.

○ 47세 숙종 6년(1101), 홍원사洪圓寺에 구조당九祖堂을 낙성함.
천태종 승과僧科 대선大選을 실시하고 40명을 선발함. 원효元曉와
의상義相에게 각각 화쟁和諍국사·원교圓敎국사의 시호贈諡를 내
리도록 함. 8월에 병환이 나서 10월 5일에 입적하니 시호諡號를

---

* 국사편찬위원회 지음, 『한국사 16: 고려 전기의 종교와 사상』, 탐구당, 2013.

대각국사大覺國師라고 함.

대각국사는 천태종을 창종 선언하고 원효와 의상에게 성인의 시호를 내리게 하였다.

8월 계사 조서詔書를 내려 말하기를, "원효元曉와 의상義相은 동방의 성인聖人으로 비기碑記와 시호諡號가 없어 그 덕이 드러나지 않았다. 내가 이것을 깊이 슬퍼하여 원효는 대성화쟁국사大聖和靜國師로, 의상은 대성원교국사大聖圓敎國師로 추증하니 유사有司에서는 즉시 그들이 살던 곳에 비를 세우고 덕을 기록하여 무궁하게 전하도록 하라."라고 하였다.(숙종 6년 8.4)

숙종 6년인 1101년 9월 26일에 왕이 동생인 후(의천)를 문병하였으며, 왕이 문병한 10일 후에 대각국사는 열반에 들었다고 한다. 고려시대 총지사는 총지종의 사명을 선양한 사찰이다. 대각국사가 총지사에 간 것은 열반에 들 것을 미리 알고 자신의 몸을 치유할 수 있다는 판단에 의해서 옴마니반메홈을 염원했고, 『법화경』을 독송하고 관세음보살을 염한 것은 본래 대각국사가 총지종의 주력의 힘을 믿었기 때문으로 보인다. 대각국사가 열반에 든 이후에 천태종에 참여하였던 구산선문 출신의 선승들은 전국으로 뿔뿔이 헤어졌지만, 그들은 보조국사 지눌이 정혜결사를 할 시기에 참여했다.

한편, 대각국사의 제자인 원묘요세는 대각국사의 사상을 전승하고 발전시키려고 하였다. 요세는 1174년인 고려 명종 4년에 합천 천락사에서 출가하였다. 천태교관을 닦으면서 고려 명종 15년(1174) 승과에 합격하였으며, 1198년(신종 1년)에는 개경의 고봉사 법회에서 천태종의 종지를 설법하고 뜻을 함께하는 10여 명과 사찰순례를 하였다. 마침 팔공산 거조사에서 보조지눌(1158~1210)이 정혜결사운동을 하자 여기에 참여하였다. 하지만 고종 19년(1232) 요세는 지눌과 결별하고 만덕산 백련사로 옮겨 보현도량을 세우고는 법화삼매 참회법을 닦고 같은 해에 백련결사운동을 시작하였다. 그 수행법은 천태지관, 법화삼매참, 정토왕생이었다. 요세는 『법화경』을 독송하고 준제신주 1,000번과 아미타불 1만 번을 수행하는 결사를 하였다.

요세가 1245년(고종 32)에 입적하자 그 제자인 천인이 계승하였다. 몽골의 2차 침입(1232) 당시에 처인성 전투에서 살리타이의 대대적인 남하를 막은 1등 공신인 승려 출신 김윤후는 1254년 2월에 관직에 오르기도 했다. 고려와 몽고의 전투가 계속되던 시기인 고려 원종 12년(1271년 12월 9일)에 원나라는 국호를 대원大元으로 정하였다. 원나라와 고려의 관계는 속국으로 전환되었다. 고려 충렬왕은 원나라의 공주를 왕비로 맞이하여 개성에 있는 묘련사를 창건하였으며 이를 중요하게 여겼다. 묘련사는 천태종을 선양하는 원나라 공주의 사찰이었기 때문이다. 고려 공민왕 시대는 또한 태고보우가 임제종을 선양하는 시기였다.

고려가 망하고 조선이 들어서면서 천태종은 어떤 모습을 보였는지 살펴보자.

1392년 조선을 건국한 태조 이성계는 1394년 천태종의 승려 조구祖丘를 국사國師로 삼았다. 이렇듯 이성계는 천태종을 보호하고 배려하였지만, 천태종 승려들은 단결하여 결사를 하지 못한 것으로 보인다.

한편, 이성계는 태조 7년(1398) 5월 12일에 대장경을 운반하였는 데, 이때 의장 행렬을 하였다.

검교 참찬문하부사檢校參贊門下府事 유광우兪光祐에게 명하여 향 로香爐를 잡고 따라오게 하고, 오교五教·양종兩宗의 승들에게 불경 을 외우게 하며, 의장대儀仗隊가 북을 치고 피리를 불면서 앞에서 인도하게 하였다.*

태종 6년 3월 27일, 태종은 선교양종의 사찰 수를 정했다. 양종兩宗 이란, 대승불교의 열반종涅槃宗·계율종戒律宗·법성종法性宗·화엄종 華嚴宗·법상종法相宗의 다섯 종파와 조계종曹溪宗·천태종天台宗의 두 종파를 이른다. 그 중 천태종에 속한 사찰을 보면 다음과 같다.

충주忠州의 엄정사嚴正寺, 초계草溪의 백암사白巖寺, 태산泰山의 흥룡사興龍寺, 정산定山의 계봉사鷄鳳寺, 영평永平의 백운사白雲 寺, 광주廣州의 청계사淸溪寺, 영해寧海의 우장사雨長寺, 대구大丘 의 용천사龍泉寺, 도강道康의 무위사無爲寺, 운봉雲峰의 원수사原 水寺, 대흥大興의 송림사松林寺, 문화文化의 구업사區業寺, 금산金 山의 진흥사眞興寺, 무안務安의 대굴사大崛寺, 장사長沙의 선운사 禪雲寺, 제주堤州의 장락사長樂寺, 용구龍駒의 서봉사瑞峰寺이다.

---

* 『조선왕조실록』 태조실록 14권, 7년.

　이와 같이 조선 초기 태종시대에 천태종 사찰을 지정하였다는 것은 고려 대각국사에 대해 추앙하는 기풍이 조선조에 들어서도 남아 있었다는 반증이라고 보아야 할 것이다. 아래에서는 『조선왕조실록』의 세종실록에 나타나는 천태종 관련 기록이다.

　세종 1년 5월 22일에 유후사 태조 진전의 불당을 숭효사崇孝寺라 이름하고 천태종에 속하게 하였다.

　세종 1년 8월 7일에 상왕이 천태종 서울 회관(京庫)에 거둥하여 노상왕을 뵈었으니, 그때에 노상왕이 환후로 그 서울 회관에 피접避接한 것이었다.

　세종 2년 1월 26일에 임금이 "서울 안에 있는 오교양종五教兩宗과 각사各司의 노비 분정分定이 어떻게 되었느냐?"고 물으니, 김점이 아뢰기를, "자은慈恩·천태天台 양종은 성 안에 절이 없으니, 마땅히 장의藏義·중흥中興 두 절을 양종에 나누어 붙이고, 다른 예에 따라 노비를 나누어 정함이 옳을 것입니다." 하였다. 임금이 말하기를, "도성 밖에는 비록 개경開慶·연경演慶 두 절이라도 노비를 주지 않았는데, 어찌 장의·중흥에만 나누어 주리요." 하니, 점이 다시 아뢰기를, "경고사京庫寺는 비록 작으나, 역시 자은종慈恩宗에 소속된 절이니 노비를 줄 것이며, 천태종天台宗은 비록 성 안에 절이 없으나 모화루慕華樓 동구洞口에 소속된 초막草幕이 있으니, 마땅히 고쳐 세워 절로 만들고 노비를 줌이 옳을 것입니

다.” 하였다. 임금이 말하기를, “지금 사사寺社의 노비를 혁파하는
때로서, 만약 성 밖에 있으면 비록 큰 절이라도 노비를 주지 않음이
전례인데, 어찌 반드시 절을 고쳐 지어 가지고 노비를 줄 것인가.
만약 부득이하면 한 종宗에서 성 안에 두 절을 둔 것이 있으면
절이 없는 종에 나누어 붙이고 노비를 주는 것이 과하다.” 하고,
인해서 원숙에게 명하여 다시 의정부와 의논해서 아뢰라고 하
였다.

세종 5년 3월 16일에 예조에서 계하기를, “지금 식년式年에 조계종
과 천태종을 뽑는데, 3월 20일로 시작할 것입니다.”라고 하였다.

세종 6년 4월 5일에는 선교양종으로 분리하였다 선종은 조계·천태
·총남摠南 3종을 합쳐서 선종禪宗으로, 화엄華嚴·자은慈恩·중신
中神·시흥始興 4종을 합쳐서 교종教宗으로 하며, 서울과 지방에
승려들이 기거할 수 있는 36개 사찰만 남기고 승록사를 혁파하고
서울에는 흥천사를 선종 도회소, 흥덕사를 교종 도회소로 하였다.

한편, 조선 초기에 태종과 세종의 신임을 받던 천태종 고승으로
행호(行乎, 생몰년 미상)가 있다.
그는 조선 초기의 선승禪僧으로서 해주최씨海州崔氏이며 고려 초기
해동공자로 불린 최충崔冲의 후손이다. 어려서 출가하여 계행戒行이
뛰어났고 효행으로도 이름이 높았으며, 『법화경』의 이치를 깨달아
천태종의 지도자가 되었다. 그는 세종 12년에서 18년 사이에 전라도

강진康津 만덕산萬德山 백련사白蓮社를 중건하였으며, 그 뒤 함양咸陽
으로 가 머물다가 세종 20년 8월에 상경하여 왕명으로 흥천사에
머물면서 종친사족들의 흠앙을 받았다. 이에 성균관 학생 이영산李永
山 등 648명은 상소하여 행호를 규탄하면서 그의 머리를 베어 사망邪妄
의 뿌리를 아주 끊어 없애야 한다고 극언하였다. 행호는 세종 21년
5월에 서울을 떠나 산사로 돌아갔는데, 그때 왕은 행호가 돌아가는
연도의 수령들과 역승驛丞들에게 전판선종사前判禪宗事 행호가 가는
길을 정성스럽게 잘 보살피라고 명하였으며, 또 전라도 관찰사에게
영을 내려 쌀과 소금 각 10섬을 주도록 하였다. 행호가 선종판사를
지냈다는 사실을 여기에서 알 수 있으며, 그가 돌아간 산사는 만덕산
백련사였을 것으로 짐작한다.

세조 8년(1462) 10월 9일에는 일본에서 천태종 관련 대장경을
조선에 청하고자 사신을 보내온 일이 있었다. 「세조실록」에 보면
다음과 같은 기사가 있다.

일본 국왕日本國王 원의정源義政이 승려 순혜順惠 등을 보내어
와서 토물을 바쳤다. 그 서계書契는 이러하였다.
"기력이 좋으시다니 기쁜 마음 간절합니다. 요즘 왕래하는 선편船
便이 끊겨서 사절이 오지 못하였습니다. 지난해에 보초寶鈔를
배에 가득히 싣고 운반해 가서 물화를 유통하는 이익을 얻으니,
다행함이 더할 수 없습니다. 이제 들건대 귀국貴國에서 보낸 선박
이 험한 풍파를 만나 일본의 경계에 이르기 전에 행방을 잃었다고

하니, 천명天命입니까? 탄식함을 금할 수 없습니다. 마음으로 우리나라는 화친하는 길을 닦기 위하여 글을 가지고 노통사盧通事에게 붙여서 속히 명나라에 사신을 보내어 이봉泥封을 받아 황제의 은혜를 입게 하면 다행함을 이길 수 없겠습니다. 또 근년에 북쪽 오랑캐가 사변을 기도하였으나 싸우지 아니하고 공을 이루었다고 하니, 왕화王化의 귀한 바와 위광威光의 성한 것은 다른 나라와 다르니 어찌 감사하고 다행하지 아니하겠습니까? 이제 다시 원만원 정선 법사圓滿院淨善法司 대명국 천동 제일위大明國天童第一位 기외용 선사機外用禪師를 차견差遣하여 비로법보毘盧法寶를 구합니다. 대저 우리의 서울 대화주大和州에 교사敎寺가 있는데 바로 천태종天台宗의 웅거지雄據地였습니다. 병화兵火를 만나 불타버리고 장전藏殿까지 연소되었는데, 이 절을 복구함에 당하여 장경藏經이 미비하므로, 하나의 장경이라도 본산本山에 안치하여 복을 심는 땅으로 만들고자 합니다. 아울러 동전銅錢을 거듭 내려주시어 이익되게 하는 마음을 이루는 것이 어떠합니까? 하물며 귀국은 아끼는 마음이 없어서 매양 구하면 허락해 용납하니, 그 덕德은 진실로 이웃이 있는 것이므로 진심으로 사례하여마지 아니합니다. 후하지 못한 토의(土宜: 토산물)가 별폭別幅에 있으니, 받으시면 다행으로 여기겠습니다. 기후에 따라 몸을 보중하여 나라를 위해 목숨을 소중히 하시기를 간절히 바랍니다. 이만 그칩니다."*

그런데 조선시대에는 전반적으로 불교가 배척받던 시기였다. 천태

*『조선왕조실록』, 세조실록 29권, 8년.

종 역시 예외일 수 없었다. 성종 13년(1482) 4월 11일에는 선종의
승려들에 대하여 국가에 무익하다고 예조禮曹에 전지하였다. 또한
성종 20년 5월 23일과 성종 23년 12월 2일에는 천태종에 대한 선교양종
으로서의 불교종파에 대한 논쟁을 하였다. 순조 9년 2월 14일과
12월 15일에는 천태종에 대하여 청나라의 이교도라고 칭하였다.
조선 순조 9년에 이르러서 천태종에 대한 종명이 전승되기도 했다.

　이와 같이 고려 대각국사에 의해 창종된 한국(해동)의 천태종은
조선조를 거치면서 선종에 통합되는 등 다른 불교종파와 함께 쇠퇴의
길을 걷다가 아예 사라질 위기에 처하게 되었다. 다행이 현대에 와서
상월(上月, 1911~1974)에 의해 1966년에 천태종이 다시 중창됨으로
써 오늘날 명맥을 이어가고 있다.

　신라 때부터 여러 고승들에 의해 연구되던 천태종이 불교국가인
고려에 와서 대각국사 의천이라는 거목을 만나 한국적인 천태종으로
거듭 태어나게 되었으며, 암울한 조선시대를 거쳐 오늘날까지 이어져
온 사실에 대해 천태종을 따르는 불자들뿐 아니라 한국의 모든 불자들,
나아가 한국인이라면 모두가 자랑스러워하고 관심을 가져야 할 것이
다. 왜냐하면 대각국사와 그가 창종한 천태종은 단순한 불교의 한
종파가 아니라, 현대를 살아가는 우리가 계승하고 발전시켜야 하는
찬란한 우리의 문화유산이기 때문이다.

　이제 필자는 대각국사의 발자취를 더듬고자 순천에 있는 선암사
대각암을 찾아 순례하고, 경주 분황사에 가서 원효를 친견하며, 해인

사 등지를 참배하고자 한다. 그리하여 대각국사의 삶과 사상을 몸소 발로 찾아가 배우고 그 숨결을 느끼고자 한다. 대각국사를 찾아가는 이 순례의 길에 독자들도 함께 하실 수 있기를 기대한다.

2017년 부처님 오신날을 맞이하여
대전 계룡산 광수사에서 무원 합장

무원務元

1987년 동국대학교 불교대학원 수료.

2003년 개성 영통사 복원위원회 단장

2004년 한국종교사회복지협회 이사

2007년 한국불교종단협의회 상임이사, 금강신문 대표이사

2009년 한국종교인평화회의 운영위원

2011년 금강대학교 이사, 천태종 총무원장 직무대행,
    천태종 사회복지재단 법인 대표이사

2012년 부산 삼광사 주지

현재 (사)생명나눔실천본부 이사, 한국종교연합 공동대표,
    부산경남우리민족서로돕기 상임대표, 대전 광수사 주지

진관眞寬

1980년 동국대학교 불교대학 승가학과 수료

1986년 서울예술대학 문예창작과 졸업

1990년 광주대학교 신문방송학과 졸업

1992년 조선대학교 교육대학원 교육학과 석사

1999년 동국대학교 행정대학원 북한학과 석사

2007년 중앙승가대학교 대학원 박사과정 수료

2010년 동국대학교 선학과 대학원 박사과정 수료

2012년 중앙승가대학교 대학원 문학박사학위 취득

2014년 동국대학교 불교대학 철학박사학위 취득

현재 대한불교조계종 교육아사리, 동방문화대학원대학 석좌교수

대각국사 의천 연구

초판 1쇄 인쇄 2017년 4월 20일 | 초판 1쇄 발행 2017년 4월 28일
무원 • 진관 공저 | 펴낸이 김시열
펴낸곳 도서출판 운주사

    (02832) 서울시 성북구 동소문로 67-1 성심빌딩 3층

    전화 (02) 926-8361 | 팩스 0505-115-8361

ISBN 978-89-5746-488-5 93220 값 16,000원

http://cafe.daum.net/unjubooks 〈다음카페: 도서출판 운주사〉